中央高校基本科研业务费专项资金资助项目（2022SK10，2023ZDPYSK10）研究成果

农民组织化与农村公共性的交互性建构研究

——兼论中国农业农村现代化之路

翟军亮　饶梦彤·著

中国矿业大学出版社
·徐州·

图书在版编目(CIP)数据

农民组织化与农村公共性的交互性建构研究：兼论中国农业农村现代化之路/翟军亮，饶梦彤著．—徐州：中国矿业大学出版社，2023.8

ISBN 978-7-5646-5909-7

Ⅰ．①农… Ⅱ．①翟… ②饶… Ⅲ．①农业合作组织—研究—中国 Ⅳ．①F321.42

中国国家版本馆CIP数据核字(2023)第149334号

书　　名　农民组织化与农村公共性的交互性建构研究
　　　　　——兼论中国农业农村现代化之路
　　　　　Nongmin Zuzhihua yu Nongcun Gonggongxing de Jiaohuxing Jiangou Yanjiu
　　　　　——Jianlun Zhongguo Nongye Nongcun Xiandaihua zhi Lu

著　　者　翟军亮　饶梦彤

责任编辑　姜　翠

出版发行　中国矿业大学出版社有限责任公司
　　　　　(江苏省徐州市解放南路　邮编221008)

营销热线　(0516)83885370　83884103

出版服务　(0516)83995789　83884920

网　　址　http://www.cumtp.com　**E-mail**:cumtpvip@cumtp.com

印　　刷　广东虎彩云印刷有限公司

开　　本　710 mm×1000 mm　1/16　**印张** 11.5　**字数** 200千字

版次印次　2023年8月第1版　2023年8月第1次印刷

定　　价　50.00元

前言

Preface

党的二十大确立了"以中国式现代化全面推进中华民族伟大复兴"的中心任务。习近平总书记强调:"强国必先强农,农强方能国强。"农业农村现代化是中国式现代化的"压舱石""蓄水池""稳定器"。没有农业农村现代化,就没有整个国家现代化。进入新时代,全面建设社会主义现代化国家,最艰巨最繁重的任务仍然在农村。新时代"三农"(农业、农村、农民)工作必须围绕农业农村现代化这个总目标来推进。这需要将农民组织起来,实现小农户与现代农业有机衔接。将农民组织起来,从经济学角度看,关涉的是市场主体间基于产业链及其要素形成的产业共同体问题;从管理学角度看,关涉的是原子化的市场主体如何通过持续有效的联结机制形成农业农村治理共同体,以实现与现代市场组织的有机对接。在农业现代化和农村现代化一并设计、一体推进的前提下,将农民组织起来需要建构作为个体的市场主体与作为集体的共同体之间的主体间性关系,即公共性。公共性是指特定范围内由特定对象、环境和结果将具体个人(主体)联系起来的具有普遍性和意识交互性的社会关系(高鹏程,2009)。在农业农村现代化中,市场主体既是个体性的存在,又是在公共的环境和关系中存在的,处于一种公共的社会关系网络中,形成了共在、共处属性。这些市场主体通过合作与互助创造"合作剩余"(晏辉,2007),实现共赢;通过"私"在忠实地实现自我的同时,从中开拓出一种在某种意义上的"同时实现体"(佐佐木毅 等,2009),以实现个体与共同体的有机融合。

基于大历史观审视中国共产党成立以来的农业、农村、农民问题可以发现,中国共产党之所以"能"、之所以"行",在于其以马克思主义为指导,在不同时期,通过不同的组织化方式建构起了作为个体的市场主体与作为集体的共同体之间的主体间性关系,通过主体间的共在、共生、共享来形成农业农村治理共同体,进而推动农业农村面貌发生了根本性改变。简单来说,农民组织化与农村公共性构成了中国共产党领导的农业农村现代化的"一体两翼"。即,农民组织化构成了农业农村现代化的外在形式,农村公共性构成了农业农村现代化的内核。前者是后者的载体,后者是前者的动力之源和牢固保障。纵观中国共产党领导农业农村现代化的历史进程,有成功经验,也有失败教训。站在新的历史起点上,深入推进农业农村现代化,让农业成为有奔头的产业,让农民成为有吸引力的职业,让农村成为安居乐业的美丽家园,需要"广角",亦需要"长焦",即将两者联系起来进行历史性审视。毕竟,"历史是最好的老师",只有回看走过的路、比较别人的路、远眺前行的路,弄清楚我们从哪儿来、往哪儿去,很多问题才能看得深、把得准(人民日报社评论部,2018)。

当前学术界关于这一主题的研究,或聚焦于农民组织化,或聚焦于农村公共性,将两者联系起来的研究非常少,对中国共产党领导的农业农村现代化历程进行"长焦"探析的研究更少。这构成了笔者探索农民组织化与农村公共性的交互性建构的初始动因。笔者在长期的农村调研中发现,凡是那些能够持续有效运营的市场组织(例如农业合作社),无一不是从其所内嵌的农村场域与情境中汲取合法性，或基于利益，或基于价值，或基于服务，或基于民主治理，或基于综合模式，将农民有机组织起来并建构公共性。相反，那些“空壳组织”“挂牌组织”则往往脱嵌于农村场域与情境，寒了农民心，难以承担起推进农业农村现代化的重任。究其根源，这些合作社等市场组织往往徒有组织形式而与村社共同体之间并无有机联系，甚至出现相反的利益取向。因而，它们无公共性建构功能，甚至消解着农村公共性。毕竟，组织之公共性取决于组织主体的行动及其现实价值(夏循祥，2014)。

要从根本上推进农业合作社提质增效，不仅要促进农业合作社在组织形式方面规范发展，更要提升其公共性和合法性。事实上，将“原子化”农户/农场主、微型农产品生产主体有机联结起来的一体化组织往往具有高效的公共性建构功能，并以公共性建构来巩固自身的长效运作。例如，新西兰恒天然合作社集团有限公司(简称恒天然合作社)由约9 000个奶农家庭组成，作为世界乳品行业中最大的合作社，其出口的乳制品占新西兰乳制品总出口量的95.0%左右，控制着超过1/3的国际乳制品贸易，生产的奶粉、奶油、黄油、干酪等近百种产品，销往150多个国家和地区(田亚如 等，2021)。恒天然合作社以“原子化”奶农为股东，以企业公司的外在形式存在，以民主治理的内在方式运行，构建起了新西兰富有特色的农业经营管理体制，在新西兰乳品业的现代化进程中扮演了关键角色。

这种主体间平等的、基于契约的恒天然合作社通过利益联结和民主治理生产公共性，有效联结“原子化”奶农，并有效协调“原子化”奶农与合作社之间的矛盾与冲突，促进作为集体的共同体能够长效可持续运转。可以说，正是有效组织化和公共性生产的双向互嵌赋予了恒天然合作社持久的动力。这正是我们推进中国农业农村现代化要学习和借鉴的。同时，这也凸显了2023年中央一号文件《中共中央 国务院关于做好

2023年全面推进乡村振兴重点工作的意见》所强调的推动新型农业经营主体提质增效，带动小农户合作经营、共同增收目标下，研究农民组织化与农村公共性的交互性建构的必要性、重要性、急迫性。将这些在实践调研过程中观察到的经验资料上升到理论层次，探索其中所蕴含的一般规律并为实践提供理论指引，成了推进我国农业农村现代化过程的必选题之一。

基于此，笔者曾撰写过"关于农民组织化与农民公共性的交互性建构"这一主题的文章，并发表在了《南京农业大学学报(社会科学版)》上。几年过去，随着调查的不断深入，深感有必要继续深化这一主题研究。本书正是对这一主题深化研究的物化成果。

农民组织化是农村公共性的天然载体，农村公共性是农民组织化的持续动力，两者呈现出交互性建构的状态，影响着农业农村现代化之路。中国共产党领导农业农村现代化的历程，本质上是将农民组织起来并建构农村公共性的过程，两者关系在不同阶段呈现出不同的实践样态，影响着农业农村现代化进程。本书构建了分析农民组织化与农村公共性的交互性建构的理论框架，认为这种交互性建构深嵌于国家-社会关系演进历程中，表征为农民组织化与农村公共性建构的专业化。

当代中国实践经历了从组织(经济组织、综合组织)整合型模式向服务整合型模式的质变，正在经历向价值整合型模式的质变。具体地说，经济组织整合型模式下，建构主体为政府和农民双向合力，建构动力源于国家现代化和个体生产力提升的双向需求。其结果，在农民组织化方面实现了国家与个体兼容，实现了将农民组织起来的目标；在农村公共性建构方面实现了公私兼容，基于引私向公的目标，实现了公私两利。综合组织整合型模式下，政府成了农民组织化与农村公共性建构的单一主体，建构动力转变为国家现代化的单向需求，由于采用科层制组织的全面管理方式，农民个体与集体间呈现出以"具体统一与抽象分离"为内容的组织化形式，呈现出“公悬浮于私”的公共性建构局面。其结果，在农民组织化方面表现为与人民公社结合，在农村公共性建构方面表现为化公为私。服务整合型模式下，农民组织化与农村公共性建构主体开始转变为市场主体。其过程，在农民组织化方面表现为基于市场规则的“抽象统一与具体分离”，在农村公共性建构方面表现为基于市场逻辑的“个体价值张扬与集体价值虚化”。其结果，在农民组织化方面表现为与应然目标“统分结合”相背离的“统分分离”，在农村公共性建构方面表现为与应然目标“尚公重私”相背离的“私扩公缩”。价值整合型模式下，农民组织化与农村公共性的建构主体转变为多元主体，建构动力为治理现代化。其过程，在农民组织化方面表现为基于治理规则的多元协同，在农村公共性建构方面表现为基于治理逻辑的多元价值整合。其结果，在农民组织化方面表现为与应然目标相契合的合作网络，在农村公共性建构方面表现为基于应然目标“活私拓公”的“公私融合”。这是农民组织化与农村公共性的交互性建构的发展目标。当前，处于多重转型期的农民组织化与农村公共性的交互性建构因脱嵌于农村治理生态而难以满足推进农业农村现代化的需求，未来路径应该是基于网络治理，以组织（经济组织、综合组织）整合型模式为基础、以服务整合型模式为纽带、以价值整合型模式为导向的三位一体建构模式。

本书拓展了农民组织化与农村公共性的研究内容与研究视野，推进了农业农村现代化的相关研究，同时也为农民组织化提质增效、农村公共性重构和农业农村现代化建设之路提供了实践启迪。

著 者

2023 年 1 月

目录

Contents

Chapter 1
第一章

导　　论

推进农业农村现代化，实现乡村振兴，不仅要塑形，即将农民组织起来，更要铸魂，即建构农村公共性。两者共同构成了农业农村现代化的“一体两翼”。要实现农业农村现代化，需要坚持用大历史观来看待农业、农村和农民问题，需要从农民组织化与农村公共性的交互性建构视角来审视农业农村现代化历程，揭示中国共产党领导农业农村现代化的奥秘。

第一节 农民组织化:实现农业农村现代化的组织形态

2022 年 1 月，习近平总书记在山西考察时指出，建设现代化国家离不开农业农村现代化。推进农业农村现代化，实现乡村振兴，不仅要塑形，即将农民组织起来(贺雪峰，2019a)，这是基本前提；更要铸魂，即建构农村公共性，这是内核。中国共产党领导农业农村现代化的历程表明，通过塑形铸魂，可以凝聚超越个体和家庭层面的组织性力量、凝聚性权力、权威性认同，以强农筑强国，以国强固农强。针对农民组织化与农村公共性脱嵌现象及其伴生的农业农村问题，需要探索农民组织化与农村公共性的交互性建构机理，为满足人民日益增长的美好生活需要提供启迪。

一、中国共产党领导农业农村现代化历程的总括

中国共产党在农村领导的新民主主义革命时期、社会主义革命和建设时期、改革开放和社会主义现代化建设新时期以及中国特色社会主义新时代都推动了农业农村现代化。需要说明的是，农业农村现代化概念的形成并不是一蹴而就的，它贯穿于中国农村社会革命发展过程中，经历了由农业现代化到农村现代化再到农业农村现代化的漫长发展历程。农业现代化是基于产业视角来进行界定的，主要指农业产业由传统向现代转型的过程及其结果，规模化、现代化、高科技化等是其核心特征，产业链、价值链、供应链等是其核心载体。农村现代化主要是从地域角度来进行界定的，主要指建设和美乡村的过程及其结果，其核心是农村发展方式的现代化，既包括农业生产等活动在内的农村产业现代化，也包括农村文化、生态环境、居民生活和乡村治理的现代化，更包括广大农民在内的人的现代化(魏后凯，2021)。农业农村现代化并不是农业现代化和农村现代化的简单叠加，而是农业现代化和农村现代化互促共进的有机整体，需要坚持农业现代化与农村现代化一体设计、一并推进。从农业现代化到农村现代化再到农业农村现代化的发展历程表明，农业农村现代化是农村产业现代化、农村生态现代化、农村文化现代化、乡村治理现代化和农民生活现代化的有机整体(魏后凯，2019)，它不仅包括“物”的现代化，也包括“人”的现代化。

（一）新民主主义革命时期：开启了通向农业农村现代化现实道路的探索

中国共产党自成立就开始带领中国人民探索符合中国国情的农业农村现代化之路，经过浴血奋战、百折不挠，取得了新民主主义革命的胜利，为农业农村现代化创造了根本社会条件。在这一时期，中国共产党逐渐认识到马克思主义必须和我国的具体特点相结合并通过一定的民族形式才能实现（毛泽东，2006a），开始自觉运用马克思主义基本理论指导农业农村现代化进程。中国工人阶级的任务，不但是为着建立新民主主义的国家而斗争，而且是为着中国的工业化和农业近代化而斗争（毛泽东，2006b）[1081]。这标志着农业现代化从理论层面上升到了实践层面，也意味着中国共产党在马克思主义指导下开启了农业现代化建设的自主探索征程。

（二）社会主义革命和建设时期：提出了农业农村现代化发展的基本目标

新中国成立后，中国共产党团结带领中国人民进行社会主义革命，消灭了延续几千年的封建制度，确立了社会主义基本制度，在农村实现了中华民族有史以来最为广泛而深刻的社会变革，为推进农业农村现代化奠定了根本政治前提和宝贵经验。在这一时期，毛泽东提出了现代化的基本观点，即建设社会主义，原来要求是工业现代化，农业现代化，科学文化现代化，现在要加上国防现代化（中共中央文献研究室，1999）。1954 年，第一届全国人大第一次会议的政府工作报告提出，要把我国建设成为具有强大的现代化的工业、农业、交通运输业和现代化国防的社会主义国家。1964 年，周恩来（1984）在政府工作报告中提出了发展国民经济的主要任务，总的来说，就是要在不太长的历史时期内，把我国建设成为一个具有现代农业、现代工业、现代国防和现代科学技术的社会主义强国，赶上和超过世界先进水平。为了推动农业农村现代化，新中国开始探索以合作为核心的人民公社来实现工业现代化和农业现代化的双赢。遗憾的是，当时的农村场域中的生产关系安排脱离了生产力发展水平，叠加当时国内政治经济局势的影响，以及对农业农村现代化规律认识不深刻，农业农村现代化在深刻改变农村政治经济文化社会生态的同时，产生了一定的负面结果。这一时期的农业农村现代化并未按照既定规划深入进行，但也积累了一定的宝贵经验。

（三）改革开放和社会主义现代化建设新时期：开辟了通向农业农村现代化的正确道路

党的十一届三中全会作出把党和国家的工作中心转移到经济建设上来、实行改革开放的历史性决策。我国在经济总量方面实现了历史性突破，在人民生活方面实现了历史性跨越，为实现农业农村现代化提供了体制保证和物质条件。在这一时期，邓小平（1994）提出，要走出一条中国式的现代化道路的观点。1979 年，党的十一届四中全会通过的《中共中央关于加快农业发展若干问题的决定》提出，要积极地有计划地开展农业机械化工作，对农业进行合理布局，逐步实行区域化、专业化生产，不断提高农业生产的社会化水平，进而实现农业现代化。1982 年，党的十二大报告提出，中国共产党在新的历史时期的总任务是：团结全国各族人民，自力更生，艰苦奋斗，逐步实现工业、农业、国防和科学技术现代化，把我国建设成为高度文明、高度民主的社会主义国家。1987 年，党的十三大报告提出，党在社会主义初级阶段的基本路线，提出要逐步实现工业、农业、国防和科学技术的现代化。在农业领域，党的十三大报告提出，要坚持把农业放在十分重要的战略地位，全面发展农村经济的基本方向。1992 年，党的十四大报告认为，实行家庭联产承包是中国农民的伟大创造，并确立了家庭联产承包为主，统分结合的双层经营体制；确认了农业在国民经济中的基础地位，强调要把加强农业放在首位，全面振兴农村经济；认为乡镇企业异军突起为农村致富和逐步实现现代化开辟了一条新路。1998 年，党的十五届三中全会通过的《中共中央关于农业和农村工作若干重大问题的决定》提出，要按照建立社会主义市场经济体制的要求发展农村生产力，深化农村改革，推进农业现代化。2007 年，党的十七大报告提出，要加强农业基础地位，走中国特色农业现代化道路，建立以工促农、以城带乡长效机制，形成城乡经济社会发展一体化新格局。2008 年，党的十七届三中全会通过的《中共中央关于推进农村改革发展若干重大问题的决定》提出，要把建设社会主义新农村作为战略任务，把走中国特色农业现代化道路作为基本方向，把加快形成城乡经济社会发展一体化新格局作为根本要求。2012 年，党的十八大报告提出，坚持走中国特色新型工业化、信息化、城镇化、农业现代化道路，推动信息化和工业化深度融合、工业化和城镇化良性互动、城镇化和农业现代化相互协调，促进工业化、信息化、城镇化、农业现代化同步发展。

1982年的《中共中央一九八二年一月一日全国农村工作会议纪要》和1983年的中央一号文件《当前农村经济政策的若干问题》均指出，农业生产责任制的实行释放了中国经济增长的制度红利，改变了中国农村生态，为推动农业农村现代化奠定了坚实基础。首先，这一经营体制提高了农民农业生产的积极性。联产承包责任制采取了统一经营与分散经营相结合的原则，使集体优越性和个人积极性同时得到发挥。这一制度的进一步完善和发展，使农业社会主义合作化的具体道路更加符合我国的实际。建立农业生产责任制的工作，反映了亿万农民要求按照中国农村的实际状况来发展社会主义农业的强烈愿望。其次，这一经营体制提高了农业生产力。联产承包责任制以农户或小组为承包单位，扩大了农民的自主权，发挥了小规模经营的长处，克服了管理过分集中、劳动"大呼隆"和平均主义的弊病，又继承了以往合作化的积极成果，坚持了土地等基本生产资料的公有制和某些统一经营的职能，使多年来新形成的生产力更好地发挥作用。再次，这一经营体制较好地协调了集体利益与个体利益。联产承包责任制的运用，可以恰当地协调集体利益与个人利益，并使集体统一经营和劳动者自主经营两个积极性同时得到发挥，所以能普遍应用并受到群众的热烈欢迎。联产承包责任制这种分散经营和统一经营相结合的经营方式具有广泛的适应性，既可适应当前手工劳动为主的状况和农业生产的特点，又能适应农业现代化进程中生产力发展的需要。最后，这一经营体制为推动农村集体经济发展奠定了良好基础。包干到户这种形式，在一些生产队实行以后，经营方式起了变化，基本上变为分户经营、自负盈亏。但是，它是建立在土地公有基础上的，农户和集体保持承包关系，由集体统一管理和使用土地、大型农机具和水利设施，接受国家的计划指导，有一定的公共提留，统一安排烈军属、五保户、困难户的生活，有的还在统一规划下进行农业基本建设。所以，它不同于合作化以前的小私有的个体经济，而是社会主义农业经济的组成部分；随着生产力的发展，它逐步发展成更为完善的集体经济。

（四）中国特色社会主义新时代：开创了农业农村现代化发展的崭新局面

进入中国特色社会主义新时代，中国式现代化稳步推进和拓展，实现了马克思主义中国化时代化新的飞跃，为中国式现代化提供了根本遵循。在农村场域中，中国共产党动员社会各方力量协同，消除了绝对贫困，为深入推进农业农村现代化提供了更为完善的制度保证、更为坚实的物质基础和更为主动的精神力量。2017年，党的十九大报告提出加快推进农业农村现代化，同时强调要推动新型工业化、信息化、城镇化、农业现代化同步发展。在农村场域中，要坚持农业农村优先发展，按照产业兴旺、生态宜居、乡风文明、治理有效、生活富裕的总要求，建立健全城乡融合发展体制机制和政策体系，加快推进农业农村现代化。同年召开的中央农村工作会议，强调了农业农村现代化在国家现代化中的重要地位，即没有农业农村的现代化，就没有国家的现代化；设定了农业农村现代化的时间节点，即到2035年，农业农村现代化基本实现，到2050年，乡村全面振兴，农业强、农村美、农民富全面实现。2020年，党的十九届五中全会规划了2035年远景目标，将基本实现新型工业化、信息化、城镇化、农业现代化，建成现代化经济体系列入其中。在农村场域中，提出要坚持把解决好"三农"问题作为全党工作重中之重，走中国特色社会主义乡村振兴道路，全面实施乡村振兴战略，强化以工补农、以城带乡，推动形成工农互促、城乡互补、协调发展、共同繁荣的新型工农城乡关系，加快农业农村现代化。2021年，中央一号文件《中共中央 国务院关于全面推进乡村振兴加快农业农村现代化的意见》提出，要坚持加强党对"三农"工作的全面领导，坚持农业农村优先发展，坚持农业现代化与农村现代化一体设计、一并推进。2022年，党的二十大报告重新确认了2035年远景目标，并进一步提出，要让农村基本具备现代生活条件，人的全面发展、全体人民共同富裕取得更为明显的实质性进展。2023年，中央一号文件《中共中央 国务院关于做好2023年全面推进乡村振兴重点工作的意见》提出，必须坚持不懈把解决好"三农"问题作为全党工作重中之重，举全党全社会之力全面推进乡村振兴，加快农业农村现代化。可以看出，进入中国特色社会主义新时代以来，农业现代化开始拓展到了社会领域，开始由农业产业战略拓展为融合政治、经济、文化、社会、生态的综合发展战略（魏后凯，2019；李明星 等，2022）。这充分体现了马克思主义学说中的生产力和生产关系、经济基础与上层建筑关系原理，标志着我国的"三农"工作进入了新阶段。

二、农业农村现代化实践中的农民"组织化"

在实现农业农村现代化的过程中，将农民"组织起来"是中国共产党不断探索和实践的主题。所不同的是，基于不同的社会革命环境和社会治理生态，农民组织化呈现出了不同的样态，产生了不同的效果。

（一）组织化的内涵

何为组织化？组织化就是协调与调整社会相关利益，促使社会中的单独个体或者是共同群体组合成为一个社会共同体的过程（郑杭生 等，1993），以充分发挥组织化内部各要素的功能作用，进而实现组织以及不同组织之间的有序发展。要使中国农民成为一个阶级，就需要将农民以一定形式的组织与制度将人、财、物、信息等要素整合起来并进行协调分工，使他们构成彼此独立而又相互联系的有机整体。在这一整体中，各要素的功能充分发挥，达到组织的整体功能大于各要素功能之和的良性运行状态。

因此，农民组织化主要是指政府、党组织等单一或多个行为主体在农村这一场域中通过多重作用力的整合，利用自组织化或被组织化方式将分散的农民组织起来，以实现农民的政治组织化、经济组织化、文化组织化与社会组织化等多种组织化形式，从而在微观层面实现农民解放，在中观层面促进农业农村的可持续发展，在宏观层面实现农村领域的社会革命。它在方式上包括自组织化和被组织化，在内容上包括经济上的组织化，也包括政治上和文化上的组织化，在程度上包括高水平的组织化和中低水平的组织化（吴琦，2012）。就其过程而言，农民组织化主要是指原子化的农民为了更好地实现、保护和促进自身的经济利益和提高自己的社会政治地位而联合起来形成的各种经济和政治组织的行动和过程。

（二）新民主主义革命时期的“组织起来”

将农民组织起来的思想始于中国共产党成立之初。1927 年，毛泽东在《湖南农民运动考察报告》中明确提出来了“组织起来”这一命题，并将组织农民作为八大问题之一进行阐述，分析了为何、如何将农民组织起来等问题。首先，毛泽东分析了农民组织化在农村大革命乃至中国革命中的巨大作用。微观层面，农民组织化促成了农村大革命，完成了“孙中山先生致力国民革命凡四十年，所要做而没有做到的事，农民在几个月内做到了。这是四十年乃至几千年未曾成就过的奇勋”。“农民既已有了广大的组织，便开始行动起来，于是在四个月中造成一个空前的农村大革命”，其原因在于“这种惊人的加速度的发展，使一切土豪劣绅贪官污吏孤立，使社会惊为前后两个世界”。中观层面，没有将农村组织起来，是辛亥革命失败的重要原因之一。辛亥革命没有这个变动,所以失败了。宏观层面,农民组织化构成了国民革命的重要因素。“一切革命同志须知:国民革命需要一个大的农村变动。辛亥革命没有这个变动,所以失败了。现在有了这个变动,乃是革命完成的重要因素”(毛泽东,1975)。其次,如何将农民组织起来?湖南实践是通过农会来实现的,即将农民组织在农会里。

《湖南农民运动考察报告》,这份纲领性文献,重新认识和肯定了中国农民所蕴含的革命力量,并指出了具体路径,即组织起来。这份纲领性文献,不仅在中国革命的紧要关头为革命指明了方向,挽救了革命,也开启了中国农业农村现代化的历史征程。此后,如何通过社会革命来推动农业发展、农村文化进步、农村治理有效、农民生活更加幸福成了党和国家工作的重中之重,通过政治动员、文化教育、经济解放、政治保障、社会秩序重构等措施将农民组织起来实现各个阶段革命目标成为党在农村的重要工作内容。此处的社会革命指广义的社会革命,即习近平同志提出的伟大社会革命科学命题,以社会革命来对中国共产党成立以来团结带领全国人民进行的革命、建设、改革的探索和实践历程进行了高度概括,认为中国特色社会主义新时代是我们党领导人民进行伟大社会革命的成果,也是我们党领导人民进行伟大社会革命的继续。

同时,在这份纲领性文献中,如何推进农业农村由传统向现代转型也体现得淋漓尽致。例如,在普及农村教育,提高农民文化程度方面,中国共产党通过创办小学、农学、职业学校,兴办冬学、识字班、识字组,采取半工半读或者半农半读等方式,极大地提高了农村教育普及率,降低了贫下中农和贫苦工人文盲率。正是这些措施极大程度地改善了农村的政治、经济、文化和社会生态,推动农村由传统社会不断趋向于现代社会。1994 年,国务院新闻办公室发布的《中国妇女的状况》指出,到 1958 年,有 1 600 万妇女摆脱了文盲状态,初步改变了中国妇女愚昧落后的状况。

将农民“组织起来”在之后的革命实践中得到了贯彻,并得到了升华。毛泽东(2006b)[930]指出,把群众力量组织起来,这是一种方针。如何组织起来?毛泽东将实践经验上升到理论层次,认为合作社可以把群众的力量组织成为一支劳动大军。这是人民群众得到解放的必由之路,由穷苦变富裕的必由之路,也是抗战胜利的必由之路。因此,每一个共产党员,必须学会组织群众的劳动,按自愿的原则把群众组织到合作社里来,组织得更多,更好,以得到更大的成绩。通过将农民组织起来,中国共产党成功领导中国农民开展了土地革命,实现了"耕者有其田"的梦想;成功开展了互助合作,做到了"丰衣足食",提高了物质生活水平;成功开展了武装斗争和阶级斗争,提高了农民的政治地位,让农民享受到了政治权利,推动了农民的政治参与进程;成功开展了支援前线工作,保障了军事斗争的胜利。1949 年,毛泽东(1977)在受委托起草的中国人民政治协商会议第一届全体会议的会议宣言中提出,"我们应当将全中国绝大多数人组织在政治、军事、经济、文化及其他各种组织里,克服旧中国散漫无组织的状态,用伟大的人民群众的集体力量,拥护人民政府和人民解放军,建设独立民主和平统一富强的新中国。"可以看出,通过将农民"组织起来",中国共产党赢得了新民主主义革命的胜利,建立了新中国,实现了民族独立和人民解放,让中国人民"站起来"了。但同时,毛泽东也提出了新命题,即如何通过"组织起来"来建设独立民主和平统一富强的新中国。

将农民"组织起来",本质上是群众路线在实践中的具体化。就其方法论意义而言,这构成了群众路线的根本方法。1945 年,党的七大将群众路线确立为党的根本政治路线和根本组织路线。此后,这一群众路线内涵在党的治国理政实践中不断得到丰富。1981 年,党的十一届六中全会通过的《关于建国以来若干历史问题的决议》对党的这一群众路线进行了明确阐释,即群众路线就是一切为了群众,一切依靠群众,从群众中来,到群众中去(江泽民,2006)。1982 年,党的十二大通过的《中国共产党章程》在此基础上增加了把党的正确主张变为群众的自觉行动。习近平总书记指出,群众路线是我们党的生命线和根本工作路线,是我们党永葆青春活力和战斗力的重要传家宝。不论过去、现在和将来,我们都要坚持一切为了群众,一切依靠群众,从群众中来,到群众中去,把党的正确主张变为群众的自觉行动,把群众路线贯彻到治国理政全部活动之中。

(三)社会主义革命和建设时期的"组织起来"

2023 年 2 月 7 日,习近平总书记在学习贯彻党的二十大精神研讨班开班式上指出,新中国成立以后,中国历史进入了社会主义革命和建设时期。中国共产党团结带领人民进行社会主义革命,消灭在中国延续几千年的封建制度,确立社会主义基本制度,实现了中华民族有史以来最为广泛而深刻的社会变革,为现代化建设奠定了根本政治前提、宝贵经验、理论准备和物质基础。在农村场域中，中国共产党继承了新民主主义革命时期积累的农民组织化经验，凭借超强的动员能力和组织能力，通过基层党组织下沉、形成“政社合一”的组织体制等组织途径将农民组织起来，以实现在党的领导下进行社会主义革命，推进农业农村现代化进程，完成农村社会由传统向现代转型。这一过程中，有成功经验，也有失败教训。

何谓“一穷二白”？毛泽东进行过形象解释，即所谓“穷”就是生活水平低。为什么生活水平低呢？因为生产力水平低。什么是生产力呢？除人力以外就是机器。工业、农业都要机械化，工业、农业要同时发展。所谓“白”，就是文盲还没有完全消灭，不但是识字的问题，还有提高科学水平的问题。有很多科学项目，我们还没有着手进行。“一穷二白”叠加西方国家封锁，要建立并巩固社会主义制度并进行社会主义建设，就需要有效整合社会人力、物力和财力资源，这在客观上促成了总体性社会的形成，即社会的政治中心、意识形态中心、经济中心重合为一，国家与社会合为一体以及资源和权力的高度集中，使国家具有很强的动员与组织能力，但结构较为僵硬、凝滞（孙立平，2004）。这一社会形态在农村场域中典型体现为政社合一的人民公社体制。基于这一体制，通过基层党组织，以政治任务形式推进农业农村现代化建设，政治目标与经济目标高度统一，政治整合与社会整合合二为一，国家、社会和个体之间高度统一，农村资源得到了最高程度的动员和组织。在这一时期，农业农村现代化取得了进步，生产条件得到了改善。

农业农村基础设施方面，改善了传统的农业生产条件。农业要实现由传统的小农到扩大再生产，需要对传统农业的自然物质条件进行全面改造。例如，平整土地、兴修水利、改良水土、农业机械化、农业科技、农村教育、农村工业、农村电网、优良品种工程或项目的顺利完成，以及农业产供销服务体系的建立，迅速改善农业生产条件，为农业产业化发展奠定了良好基础。调查数据显示，我国农业机械总动力从 1957 年的 165 万马力增加到 1978 年的 15 975 万马力，增长近 95.8 倍，其中农业排灌动力机械达到了 6 557.5 万马力，较 1957 年增加了 115 倍（国家统计局，1983）[186]。有资料显示（郑有贵，2016），对比 1957 年和 1978 年，全国有效灌溉面积由 2 733.9万公顷（1 公顷＝10 000 平方米）增加到 4 496.5 万公顷，农村用电量由 1.4 亿千瓦小时增加到 253.1 亿千瓦小时，全国粮食产量实现了大幅度增长，由19 504.5万吨增加到了 30 476.5 万吨。有数据显示，到 1978 年，全国农村塘坝建设 453

万座，塘坝库容量达 283 亿立方米，机电井建设 255.3 万眼（国家统计局，1983）[201]，从 1957 年到 1978 年，我国的农田有效灌溉面积的绝对数量从 4.1 亿亩（1 亩≈666.67 平方米）增加到 6.7 亿亩，净增 2.6 亿亩，有效灌溉面积占耕地面积的比例从 24.4%增长到 45.2%，增长了 20.8 个百分点（李文等，2008）。根据张乐天（2012）[241]的研究，到 20 世纪 70 年代末，浙北地区所有大队基本建立了排灌机站，粮田基本实现了自流灌溉，大部分桑园和旱地也能灌上水；高压电网已经覆盖了海宁市的所有乡村，对当时和以后的农业生产产生了深远影响。海宁市农村机电排灌面积变化情况见表 1-1，海宁市农村用电量变化情况见表 1-2。

表 1-1　海宁市农村机电排灌面积变化情况　单位：万亩

年份	机电排灌总面积	占耕地面积的比重	年份	机电排灌总面积	占耕地面积的比重
1957	0.35①	0.61%②	1973	44.3	79.32%
1963	41.7	70.70%	1978	51.0	93.69%
1968	42.1	73.63%	1982	51.0	96.21%

表 1-2　海宁市农村用电量变化情况　单位：万千瓦小时

年份	生产用电	生产用电指数	照明用电	照明用电指数	用电合计	用电合计指数
1960	302	100	50③	100	352	100
1962	572	189	25	50	597	170
1964	527	175	349	698	876	249
1966	749	248	458	916	1 207	243④
1968	1 278	423	266	532	1 544	439
1970	1 291	427	334	668	1 625	462
1972	1 736	575	499	998	2 235	635
1974	1 754	581	643	1 286	2 397	681

①② 均为原文数据，但数据与其他年份相差较大，待进一步考证。

③ 此处数据缺失，根据表中数据计算，补充为 50。

④ 原文为 243，根据表中数据计算，应为 343。

表 1-2(续)

年份	生产用电	生产用电指数	照明用电	照明用电指数	用电合计	用电合计指数
1976	2 246	736①	755	1 510	3 001	853
1978	3 038	1 006	665	1 330	3 703	1 052
1980	4 766	1 581②	1 165	2 330	5 931	1 685
1982	7 552	2 501	1 410	2 820	8 962	2 546
1984	10 453	3 461	1 784	3 568	12 237	3 476

农业技术方面,增加农业产量是人民公社成立的目的之一,增加农业产量也符合农民目标,两者的契合叠加人民公社的特性,促使人民公社在农业技术的引进规模、速度和效益等方面迅速提升。以海宁市为例,新品种的引进促进了农业增产,化肥和农药施用量也迅速提升。海宁市农村化肥农药施用量变化情况见表 1-3。

表 1-3 海宁市农村化肥农药施用量变化情况 单位:吨

年份	化肥施用量	化肥施用量指数	农药施用量	农药施用量指数
1956	5 132.7	100	387.8	100
1966	17 156.1	334	949.9	245
1976	22 056.8	430	1 456.4	376
1982	65 664.3	1 279	1 451.5	374

晚粳良种“农垦 58”的引进是为一例。“农垦 58”又名“世界稻”,20 世纪 50 年代国家从国外引进,1963 年在海宁市试种,表现出耐肥、抗病、耐寒、高产等优点,受到了农民的欢迎。“农垦 58”的引进取代了高秆、不抗病的农家品种,标志着浙北农村的水稻生产进入了一个新的时期。从 1963 年到 1976

① 原文为 736,根据表中数据计算,应为 744。

② 原文为 1 581,根据表中数据计算,应为 1 578。

年，海宁市累计种植“农垦 58”68.201 万亩，占同期晚稻总面积的 15.35%，其中 1966—1968 年，其种植覆盖面达 39%。“农垦 58”从引进到停止种植约为海宁市增产粮食 0.7 亿斤（1 斤＝0.5 千克）（张乐天，2012）[233]。

农村医疗体系方面，建立了覆盖全国的以合作医疗制度、保健站（机构）和赤脚医生（人员）为核心要素的农村医疗卫生体系，基本上满足了农民群体的初级卫生保健需求。

集体经济方面，以社队办企业等集体企业方式兴办的农机厂、农具厂以及“五小工业”（小钢铁厂、小水泥厂、小农机厂、小化肥厂、小煤矿）等，为改革开放时期乡镇企业的迅猛发展奠定了良好基础，为农村集体经济发展、工业化发展奠定了基础。

农村教育方面，建立了比较完善的小学、初中、高中三级教育服务体系，基本做到了“小学不出村，中学不出队，高中不出社”。

促进国家工业化方面，有力地促进了农业向工业提供原始积累和农产品原料，保障了国家工业化战略的成功推进，促进了比较完整的工业体系和国民经济体系的建立。例如，《农业投入》总课题组（1996）认为，经有关部门测算，1954—1978 年国家通过对农业不等价交换取得的资金为 5 100 亿元。冯海发等（1993）研究了我国 1952—1990 年，农业为工业化提供资金积累情况（见表 1-4）。从表 4-1 可以看出，1952—1990 年，农业为工业化提供的资金积累的总量达到了约 11 594 亿元。人民公社从兴起到发展再到解体的时间段是 1958 年到 1984 年。

这些数据充分表明，我们需要理性客观认识人民公社在农业农村现代化过程中发挥的作用，认识到在农业农村现代化过程中，将农民“组织起来”，发展规模农业，有效对接小农与大市场之间的必要性与紧迫性。当然，人民公社失败的教训也要吸取。例如，人民公社初创时带有浓厚的平均主义和军事共产主义色彩。大办人民公社的过程，实际上成为大刮“共产风”的过程。人民公社化运动，不仅造成对农民的剥夺，而且使农村生产力受到灾难性的破坏。

表 1-4　农业为工业化提供资金积累情况

年份	农业提供的积累额/亿元	农业提供的积累额占国民收入积累额的比重	农业资金净流出量/亿元	年份	农业提供的积累额/亿元	农业提供的积累额占国民收入积累额的比重	农业资金净流出量/亿元
1952	55.66	42.8%	52.97	1972	220.31	34.0%	195.21
1953	67.40	40.1%	64.41	1973	254.02	34.3%	218.53
1954	81.60	41.8%	77.62	1974	245.35	31.1%	207.12
1955	79.62	43.0%	73.80	1975	264.52	31.9%	221.99
1956	83.03	38.3%	75.33	1976	244.67	32.7%	198.66
1957	94.12	40.4%	86.13	1977	270.95	32.6%	220.27
1958	133.56	35.2%	124.22	1978	297.06	27.3%	220.11
1959	155.31	27.8%	133.26	1979	322.22	27.8%	232.11
1960	158.13	31.6%	124.40	1980	360.74	31.0%	278.62
1961	105.29	54.0%	74.28	1981	362.94	32.8%	289.26
1962	121.02	122.2%	101.73	1982	366.41	29.6%	286.53
1963	121.41	66.3%	99.22	1983	379.94	26.7%	293.28
1964	150.96	57.4%	130.04	1984	353.06	19.7%	257.13
1965	157.61	43.2%	140.32	1985	532.80	20.3%	431.80
1966	194.64	41.4%	175.53	1986	705.54	24.0%	581.24
1967	171.75	56.5%	155.63	1987	716.13	21.7%	581.97
1968	141.30	47.4%	128.41	1988	845.00	20.0%	686.26
1969	160.58	45.0%	145.71	1989	1 068.84	22.9%	871.72
1970	203.92	33.0%	188.01	1990	1 127.55	23.0%	905.79
1971	219.18	32.0%	199.53	合计	11 594.14	27.2%	9 528.15

（四）改革开放和社会主义现代化建设新时期的“组织起来”

1978 年，党的十一届三中全会作出了实行改革开放的历史性决策，将党和国家的工作中心转移到经济建设上来，实现了人民生活从温饱不足到总体小康、奔向全面小康的历史性跨越。农村场域中，国家实行家庭联产承包责任制和村民委员会制度，前者标志着行政管理职能从农村场域的退出，后者标志着农民组织化进入了新阶段。两者标志着国家开始以新的组织形式将农民“组织起来”。

1. 经济领域的赋权

1978 年，安徽省凤阳县小岗村率先实行“包产到户”拉开了农村经营制度创新的大幕。1982 年，《中共中央一九八二年一月一日全国农村工作会议纪要》指出，到 1981 年年底，全国农村已有百分之九十以上的生产队建立了不同形式的农业生产责任制。1981 年年底召开的全国农村工作会议对这一农业生产责任制进行了初步制度确认，各种责任制，包括小段包工定额计酬，专业承包联产计酬，联产到劳，包产到户、到组，包干到户、到组，等等，都是社会主义集体经济的生产责任制。1983 年，中央一号文件《当前农村经济政策的若干问题》进行了进一步制度确认，认为联产承包责任制越来越成为主要的农业生产责任制形式。联产承包责任制采取了统一经营与分散经营相结合的原则，使集体优越性和个人积极性同时得到发挥。这一制度的进一步完善和发展，必将使农业社会主义合作化的具体道路更加符合我国实际。1999 年 3 月 15 日，第九届全国人民代表大会第二次会议通过的《中华人民共和国宪法修正案》规定，农村集体经济组织实行家庭承包经营为基础、统分结合的双层经营体制，这标志农地两权分置和双层经济体制在宪法中得到了确认。有学者将联产承包责任制称之为赋权性组织(史亚峰 等，2021)。联产承包责任制强调土地公有基础上的承包关系，确立了土地的集体所有制和家庭承包经营权的分置，有效避免了人民公社存在的激励、分配等方面的问题，充分赋予了农民广泛的农业生产权利，发挥了较好的组织效能，促进了农业农村现代化进程。联产承包责任制迅速发展，绝不是偶然的。它以农户或小组为承包单位，扩大了农民的自主权，发挥了小规模经营的长处，克服了管理过分集中、劳动“大呼隆”和平均主义的弊病，又继承了以往合作化的积极成果，坚持了土地等基本生产资料的公有制和某些统一经营的职能，使多年来新形成的生产力更好地发挥作用。

2. 政治和社会领域的赋权

如果说以家庭承包经营为基础、统分结合的双层经营体制是在经济领域对农民的赋权组织，那么村民委员会的建立则是国家在政治和社会领域对农民的赋权。项继权(1995)认为，村级治理是通过公共权力的配置与运作，对村域社会进行组织、管理和调控，从而达到一定目的的政治活动。可见，村民委员会具有将农民"组织起来"的功能。但是，这一功能已经由人民公社的行政强制力量转换为民主自治力量。这可以从村庄治理主体和权力结构状况中得到更进一步的阐释。一是村庄治理主体方面。① 乡镇政府。一方面，乡镇是国家权力在农村的基础和末梢，以乡镇党政组织为载体的"乡镇"权力的运行是国家权力与社区权力互为渗透、互为影响的连接点(金太军，2002)。另一方面，村级治理在许多方面仍需要以乡镇的公共权威为后盾，而乡镇则通过支持和协助村的工作来影响村级治理(金太军，2002)。吴毅等(2000)亦持相似观点，认为"村治"之"治"包含着国家权力和农村社区公共权力在乡村场域中的配置、运作、互动及其变化。② 村庄精英。村庄精英历来被学者们认为是村庄治理的主体(吴毅，2002；仝志辉 等，2002；Oi，1989；Siu，1989；Shue，1998)。③ 农民。村级治理的最终所有权应掌握在广大农民手中，但在实践中，却存在一些落实不到位的情况(金太军，2002)。董磊明(2002)的研究认为，农民在村治中处于弱势地位，认为苏南农村集体企业改制降低了农民之间以及农民与村集体之间的关联度，导致普通农民不能形成自我保护机制，利益难以得到保护。二是村庄权力结构方面。村庄权力结构，是指村庄各主要权力主体之间模式化的互动关系(金太军，2002)。但是，学术界多从国家政权与乡村社会互动的角度来解读村庄权力结构。中国传统村庄权力结构集中体现为乡绅、族长和村主任在村庄治理中所形成的角色安排(黄宗智，1986)，宗族在某方面操纵着传统的政治机制，晚清政府更是利用保护型经济和营利型经济控制乡村社会；受现代国家政权建设的影响，中国近代村庄权力结构集中体现为"权力的文化网络"(杜赞奇，2003)；受当代国家政权建设的影响，中国当代村庄权力结构集中体现为乡政村治，它是政府行政权力和村庄社会性权力的结合(吴春梅 等，2011)，典型表现为"国家—村庄精英—普通村民"三重权力互动格局(金太军，2002)。与上述研究不同，仝志辉等(2002)从村庄社会内部视角出发展开研究，认为村庄权力结构体现为"体制精英—非体制精英—普通村民"间的互动关系。在村庄权力结构的测量方面，吴春梅等(2012)认为，应从"国家行政权力—村民自治权力—村民权力"三个层次设计问卷量表以便对其进行实证考量。可以看出，这一阶段的农民组织化已经由人民公社的行政体制走向了乡政村治阶段，国家权力已经不再在村庄治理中占据主导地位，村庄治理呈现出多元主体和多元权力互动的状态，农民被赋予自治权力，赋权性组织化得以实现。

现代化不仅是“物”的现代化，更是“人”的现代化。农业农村现代化首要的是农民的现代化。以民主自治制度与组织形式将农民组织起来需要以农民现代化的主体能力为支撑。唯有如此，方能实现民主赋权效果。实践中，由于农民现代化程度偏低，叠加改革开放以来农村市场化社会、经济个人主义潮流的形成，村民自治的农民组织化功能尚未切实发挥出来。

首先，村民自治发展的初期乃至中期阶段，农民的民主自治能力难以支撑起赋权性组织化，导致农民组织化效果弱化。相关研究显示：治理主体在协商民主活动中由于在争取和利用公共协商机会、有效利用资源并转化为行动、言说和沟通等方面协商能力的匮乏，易导致公开排斥现象，需要通过基于法定渠道和社会支持的赋权、可行能力路径下政治贫困群体公共服务支持体系的构建和协商民主机制的完善等措施进行补救（吴春梅 等，2010）。农民参与农村公共服务供给决策实质平等（主要包括资源平等和政治上相关能力的平等）的能力、进行理性信息交流与偏好转换的能力和民主监督效能有待推进和提高（吴春梅 等，2011）。华中师范大学中国农村问题研究中心等单位组织的“南农实验”发现，农民的表达能力、合作能力、监督能力等民主能力偏低，且多为混合型能力，具体表现为：普通农民普遍受教育程度偏低，不愿意积极主动参与培训、学习；语言表达能力较差，宪政常识掌握不足；整体表达能力受到教育文化程度、表达渠道、表达对象等条件的制约。此外，该实验还发现乡镇人大代表等代理人自身能力的缺失造成其无法完成本选区公众赋予的相应职责（徐勇，2011）。

其次，经济个人主义盛行和市场化社会形成对农民组织化基础的削弱。20 世纪 70 年代以来，以发展为核心意涵的现代化话语在城乡社会盛行，经济增长与物质建设成为衡量社会经济进步与否的标准，具有丰富内涵的社会治理被简化为物质财富的增长与实用技术的扩展（黄平 等，2011）。随着简单化的、市场取向的“现代化”对乡村的渗透，市场机制逐步成为农民日常生活乃至基层治理的主导原则，农村存在以市场价值彰显与公共价值消解为主要内容的价值失衡现象。

（五）中国特色社会主义新时代的“组织起来”

进入新时代，随着农地“三权分置”、农业产业化、乡村振兴等政策的深入推进，农民组织化开始进入了崭新阶段。

1. 农民组织化主体渐趋多元化

农民组织化是一个多方相互参与的过程，涉及不同的研究领域和研究主体。国内学者对此进行了大量的研究与调查，将农民组织化主体主要划分为四大类：第一类是国家政府及相关政府部门和基层乡镇组织，第二类是农民合作经济组织及相关涉农企业等市场组织，第三类是农村非营利组织及社会服务组织和中介组织等社会组织，第四类是农民个体等。① 在国家政府及相关政府部门和基层乡镇组织主体方面，强调在提高农民的组织化程度中发挥政府的主导作用，强调基层乡镇政权、村民自治组织和党组织所构筑的正式组织体系（刘宁，2008），强调乡镇政府政权代理人行为（李伟，2005）。② 在农民合作经济组织及相关涉农企业等市场组织主体方面，一是，农民在流通环节缺乏为自身服务的中介组织而使农业经济有效运行难以维系（陈阿兴 等，2003）；二是，农民组织化有利于进行土地适度规模经营，参与市场经济，维护农民的基本权益（何格，2011）。有学者认为，农业产业化经营并不能提高农民的组织化程度，仍需政府的介入（杜吟棠，2005）。③ 农村非营利组织及社会服务组织和中介组织等社会组织主体方面，农村各类社会组织蓬勃发展，已经深度介入了乡村发展、乡村建设、乡村治理等领域，在社会治理领域发挥着将农民“组织起来”的功能。④ 农民个体主体方面，农民是农业农村现代化的主体，既是农民组织化的对象，也是主体。农民组织化并不是单纯局限于某个主体范围之内，而是两个或多个主体协同进行。

2. 农民组织化模式多样化

孙强（2002）将我国农村合作经济组织划分为社区性合作经济组织、农村供销合作社和信用社发展演变的组织、农民农业合作经济组织；相较于前两者，农民农业合作经济组织更适应农业专业化和规模化的发展要求。张红宇（2007）认为，我国农民的组织化是在家庭承包经营基础上建立的多元化差别发展模式，具体表现为农业产业化经营带动模式、农民专业合作社模式、现代公司制企业模式、传统农村合作组织的改造转型模式、社区性集体经济组织模式、生产服务的组织化提供模式。蒋永甫等(2013)将农民组织化的发展模式归纳为龙头企业推动模式、农民专业合作社模式、农民经纪人模式以及政府主导模式。

如果说这些农民组织化模式多偏重于经济领域,前述农村非营利社会组织属于功能性组织化的话,那么未来的农民组织模式将逐步由经济领域向社会领域延伸,或者实现经济领域与社会领域组织化的有效整合,以实现综合性组织化。例如,国家正在大力推进的农村集体经济组织建设正是沿袭了这个方向。农村集体经济组织虽然名称上偏重经济属性,但是在功能上兼具经济性和社会性,实现了经济利益与社会利益的有效整合。农村集体经济组织将村域内资产以股份合作等形式经营起来,其收益服务于村域公共服务和事业。这种制度架构能够有效发挥个体的积极性与集体统筹性,有助于克服农村公共事业领域中基于集体逻辑的"集体行动困境"和基于市场个体主义逻辑的"市场失灵"问题,能够为农业农村现代化提供中国方案。

3. 农民组织化程度不断提升

基于产业链,农业生产组织化具体的生产操作环节包括产前基础组织、产中服务组织、产后运行组织和农产品成品销售效果等四个方面。李敏等(2015)基于乡村治理领域,指出农民组织化是政治、经济和文化各领域中的全面组织化。农民组织化水平的广度与深度均在不断提升(吴琦,2012)。

4. 农民组织化进入了党建引领阶段

进入新时代,景跃进(2019)提出了"将政党带进来"的学术主张,形成了政党—国家—社会三维分析框架。政党中心/整合社会范式(赵耀宏 等,2021;林毅 等,2021;潘泽泉,2021;唐文玉,2020;赵黎,2020;郭定平,2019;叶敏,2018;弓联兵,2016)推动乡村治理研究进入了新阶段,即政党被带回乡村场景中(贺东航,2020)。在此背景下,"党建+"正成为将农民"组织起来"的普遍选择,这也意味着农民组织化将进入新征程。

第二节　农村公共性:实现农业农村现代化的内在基础

从世界农业现代化发展规律来看,农业农村现代化转型发生于农业社会向工业社会转型的过程中,本质上是农村农业组织方式由传统向现代的转型，由原子化向组织化的转型。在这一过程中，农业发展/增产动力逐步依赖于农业科技化和化学化；农业发展的工具逐步依赖于农业机械；农业发展的方式逐步转变为农业工业化；农业发展的分工催生了农业专业化；农业农村生产生活的基本单位则表现为将原子化的传统农业单位整合为现代大市场主体。由于工业社会发展的趋同性，整体上，机械化、科学化、工业化和市场化成了现代农业的普遍特征。这些特征也形塑了农村社会生活，推动了农村生活的现代化。根据一般规律，与市场化进程相伴随的往往是以社会保障为主要内容的公共服务体系的全面建立，国家通过供给公共服务来消解市场化所造成的公共性消解状态。

一、农业农村现代化的关键

农业农村现代化的关键是如何将“原子化”的农户/农场主同现代农业组织有机联结起来。由于人口与资源关系宽松程度和农业社会历史积淀所导致的路径依赖程度的不同，不同社会形态的农业农村现代化起点则有着天然之别。在农地私有制的国家，传统农业农村生产生活的基本单位典型体现为“原子化”的农户/农场主；在中国，则典型体现为延续中国历史几千年的以家户制为载体的小农经济。

（一）组织过程方面

从组织过程看，如何有效联结“原子化”的农户/农场主与现代大市场是农业农村现代化的关键，不同国家形成了不同的路径和组织化逻辑。概括而言，主要包括政府逻辑、市场逻辑、社会逻辑和综合逻辑。路径和组织化逻辑的形成取决于不同国家的具体农业农村现代化的历史场景与未来目标。

例如，日本人多地少，农业规模化经营面积小，农户间主要依靠全国性集体经济组织——农业协同组织（简称农协）有机组织起来。日本农协以合作社制度为主体，以公司制度为辅助，逐步形成了国家级、县级、市町村级三级组织体系，能够为农户提供包括生产资料供应、生产指导、仓储运输、金融、保险、农业信息、福利文化、农技农资服务、技术推广等综合性服务，在规模化生产、延伸产业链、提升价值链、应用新科技、提供农业金融服务等方面发挥了重要作用（胡永万 等，2017）。

再比如，新西兰乳品业的现代化途径则与日本迥然不同。2012 年，新西兰全国人口约 450 万，城市化率已经达到 86%以上，即大约 60 万的农民完成了全国出口总值的 60%（杨杰生，2013）。新西兰农业起步于从 1840 年左右开始的英国殖民统治时期，主要是作为英国的工业原料（羊毛和肉制品）基地。因此，从一开始，新西兰农业就是世界市场中的重要一环。20 世纪 70 年代末开始的经济危机使英国对新西兰的进口结构发生了重要变化，进而推动了新西兰畜牧业养殖和销售市场结构的巨大调整。在因这一经济危机而开始的新西兰新公共管理改革运动中，新西兰的农业生产补贴和农业出口刺激项目被取消，仅保留了基本的农业科技方面的经费支持。这一改革措施直接推动新西兰农业成为市场化产业，国际需求决定着新西兰国内种植，同时也推动新西兰农业走向了现代化、多样化和国际化。与此同时，为了提高乳产品的国际市场竞争力，新西兰政府也推动了乳品行业的体制与治理结构转变，出现了以恒天然合作社为代表的比较有特色的农业经营管理体制。也就是说，新西兰乳产品业的现代化依赖于恒天然合作社。恒天然合作社出口的乳制品占新西兰总出口量的 95.0%左右，控制着超过1/3 的国际乳制品贸易，生产的奶粉、奶油、黄油、干酪等近百种产品，销往 150 多个国家和地区（田亚如 等，2021）。恒天然合作社以奶农为股东，以企业公司的外在形式存在，以民主治理的内在方式运行。即每个加入恒天然合作社的农户都持有合作社的股份，都有投票权，每个季节提供奶制品的多少决定了股份数量的多少，同时也决定了投票权重。例如，如果农户提供的牛奶增多，他们的股份也随之增多，权重愈大；反之，则股份及其权重减少。通过恒天然合作社这一市场组织，“原子化”的奶农被“组织起来”实现了小奶农与大市场的有机对接。这样一方面降低了奶农的风险，另一方面，也通过提供产品服务、专业知识和技术经验、行业网络研讨会、学习和培训、交流牧场管理经验等活动增强了奶农的现代牧场管理能力，助力奶农节本增效。

（二）组织形式方面

可以看出，从组织形式上看，农业农村现代化的关键是如何将“原子化”的农户/农场主同现代农业组织有机联结起来以实现有效应对市场挑战。我国农业农村现代化，本质上也具有各国现代化的共同特征。纵观中国共产党将农民“组织起来”推进农业农村现代化的历程，可以发现，如何走出一条与小农经济有效衔接、切实保证“三农”本位的中国特色农业农村现代化道路(计晗 等,2021),是中国共产党在各个社会革命阶段不断致力于解决的问题。较之西方国家进行的政治体制确立后再进行农业农村现代化路径,基于中国国情,我国农业农村现代化的推进从中国共产党成立之日起就是通盘考虑、一体设计、一并推进的,即同时进行政治、经济、社会、文化和生态革命。只不过,在不同时代,有着不同的侧重点。人民公社组织的建立在微观方面是将农民“组织起来”,通过互助合作促进农民的经济生产;在宏观方面,对接新中国的工业化进程,助推中国建立较为完整的工业体系。随着初始阶段的互助组向人民公社组织的发展,这一组织效应开始由经济领域蔓延至社会生活领域,个人被动嵌入了“单位制”政治社会经济管理体制。在改革开放和社会主义建设新时期,家庭联产承包责任制将个体从这一组织体制中解放出来,依靠市场经济对个体的激励来推进农业生产力的提高。进入中国特色社会主义新时代,农业农村现代化是对农业现代化的历史继承与升级,其内涵体现了“五位一体”总体布局(李明星 等,2022;魏后凯,2019)。如果说农业现代化更多的是侧重于生产力的发展,那么农业农村现代化则转型为生产力和生产关系并重。如果说农业产业化以生产经济学的产量和效率为导向,那么农业农村现代化则在此基础上转型为广义福利经济学所强调的农业生态和社会功能(罗必良,2021)。唯有“一体设计、一并推进”,方能实现让农业成为有奔头的产业,让农民成为有吸引力的职业,让农村成为安居乐业的美丽家园的目标。

(三)联结机制方面

要让“原子化”的农户/农场主同现代农业组织的有机联结长期、稳定、可持续,需要建立牢固的联结机制。这也是成功推进农业农村现代化的又一个关键问题。这一联结机制可能基于市场逻辑的私人利益,可能基于社会逻辑的互助,可能基于政府逻辑的公共利益,也可能基于其他逻辑。例如,恒天然合作社之所以能够长期有效组织起来“原子化”的奶农,在于其基于乳制品价值的市场利益和基于民主治理的合作社治理架构以及由此建立起来的合法性机制。也就是说,对这种联结机制的审视不仅要从经济视角,按照经济逻辑进行,更要从社会视角,按照经济与社会双重逻辑进行。也就是说,基于市场逻辑的联结机制能够更好地降低交易成本,提高资源配置效率，实现市场主体的“双赢”乃至“多赢”。但在具体的社会实践中，这种利益联结机制往往具有社会嵌入性，常被社会制度网络中的多重逻辑所形塑，一般具有多重属性。实践中，这种以效率和市场利益为主要逻辑的经济联结机制往往被附加了社会关系属性，它不仅要受到技术环境的约束，更要受到制度环境的约束，迫使组织或个人不断地接受和采纳外界公认、赞许的形式、做法或“社会事实”(周雪光，2003)[73]。当然，这里的制度是广义的制度，不仅包括狭义的法律制度，也包括文化制度、观念制度、社会规范和社会期待等内容。事实上，也正是这些“软”制度对行为有着常态化约束。如果“原子化”个体采取特立独行的行为或有悖于特定的社会情境或场域特征，则有可能出现“合法性”危机，影响之后的个体行为效能。同理，社会制度网络也可以规制利益联结机制中的组织单元，使其采纳具有合法性的组织结构和行为(周雪光，2003)[75]，促使其获得社会承认，采取合乎情理的行为，从而提高组织运转效能。组织单元的有效运转往往是“原子化”个体与现代农业组织之间联结能否长期、稳定、可持续的关键之一。也就是说，社会制度网络对联结机制具有赋能作用，能够促进“原子化”农户/农场主与现代农业市场组织之间形成共同发展的“共生”状态。有研究显示，农业农村场域中的诸多正式性和非正式性关系资源有助于降低小农户与新型农业经营主体之间的交易成本，提高两者的收益，提升两者之间合约关系的稳定性水平(张建雷 等，2019)。这或许是联结机制能够长期、稳定和可持续的又一个关键原因。概而言之，“原子化”农户/农场主同现代农业组织基于社会制度网络赋能的联结机制形成农业农村治理共同体，推动着农业农村现代化不断深入推进。

二、实现农业农村治理共同体的途径

推动农民组织化与农村公共性的交互性建构是农业农村治理共同体得以实现的重要途径。“人的本质……在其现实性上，它是一切社会关系的总和”(中共中央马克思恩格斯列宁斯大林著作编译局，2009)。农业农村治理共同体也不例外。只要“原子化”农户/农场主与现代市场相对接，就会发生社会关系，并且这些社会关系“决定着一个人能够发展到什么程度”(中共中央马克思恩格斯列宁斯大林著作编译局，1960)。毕竟，社会性是人称之为人的根本属性。因此，农业农村治理共同体是成员间社会关系的总和，社会关系的质量也决定着“原子化”农户/农场主农业农村目标的实现程度。一定意义上，正是以人类社会或社会的人类为前提，公共性才得以生成，农业农村治理共同体才得以由可能性变成现实性。

在农业农村治理共同体中，“原子化”农户/农场主与现代农业组织之间的关系表面上建构于社会制度网络赋能的联结机制之上，实际上是建构于“原子化”农户/农场主与现代农业组织间基于主体间性的公共性。公共性是指共同体的公共性质（袁玉立，2005），正因为公共性，农业农村治理共同体得以形成并有效运转。同时，公共性也是个体活动所借以实现的必然形式（马立志，2020）。正因为公共性，“原子化”农户/农场主与现代农业组织能够有效实现自身利益目标。也就是说，“原子化”农户/农场主与现代农业组织之间的关系构成了农业农村治理共同体的出场语境。一方面，“原子化”农户/农场主和现代农业组织是农业农村治理共同体中的基本单元。另一方面，农业农村治理共同体是“原子化”农户/农场主和现代农业组织存在的组织实现形式。正因为如此，有学者认为，重建农村公共性是解决我国农村“个体化”“原子化”的重要途径（吴理财，2014）。

（一）农业农村治理共同体中的公共性

公共性是农业农村治理共同体的基本属性。从哲学上看，公共性表述的是所有的人类活动都依赖于人们共同生活的事实（阿伦特，2017）[14]，是“人的特性”的条件。公共性是指，多元现实主体在生产活动和交往过程中形成的非独占、非排斥并且可以相互分享、互为条件的社会关系的属性（桑明旭，2019）。村庄公共性是指在村庄社会的场域中形成的、建立在村庄社会结构基础之上的、对生活于其中的个体的行为具有规范和约束作用的一套规则和文化认同。农业农村治理共同体中的公共性表现为在公开环境中、在具有差异性视点的评判下形成一种共同认识，进而巩固一种维系人们之间共同存在的意识的过程（袁祖社，2007）。从价值取向角度看，公共性以共同利益和公共价值为导向；从主体参与角度看，公共性意味着“原子化”农户/农场主与现代农业组织从私人领域中走出来，就共同关注的问题展开讨论和行动，实现从私人向公众的转换；从程序角度看，公共性意味着公开、开放和公平，意味着“原子化”农户/农场主与现代农业组织基于主体间性进行平等、理性对话并达成共识（李友梅 等，2012）。因此，公共性的生产有助于促进共同体持续有效发展。农业农村治理共同体中，首先，“原子化”农户/农场主与现代农业组织之间呈现出非排斥、相互分享、互为条件的社会关系。这种社会关系成了公共性产生的存在论根源（周志山 等，2011）。其次，“原子化”农户/农场主与现代农业组织之间形成了“共在”关系，也正是这种“共在”关系推动了公共性生产。公共性的生成是个人与社会一体的“共在”（马立志，2020）。再次，这种社会关系以共在、共处、共和、公有、公用、公利、共通、共谋、共识、公开、公平、公正为特征（郭湛 等，2009）。这意味着农业农村治理共同体中所有成员基于联结机制能够共同享受农业农村现代化收益，并共同承担相应义务（李明伍，1997）。最后，公共性是农业农村治理共同体中所有成员对某种事务、行为、思想是否“公共”的价值判断尺度和标准。当农业农村治理共同体成员对对象进行评价和判断时，需要分析对象的属性及其与主体的关系，唯有对所有成员均具有价值时，“公共性”这一判断标准和原则才被遵守，共同体才能持续有效地存在下去。

（二）作为农业农村治理共同体联结机制的公共性

巩固农业农村治理共同体联结机制的公共性可以划分为维度公共性和规范公共性（Bozeman et al.，2011）。前者基于“原子化”农户/农场主与现代农业组织的以共生发展为目标的经验性行为，后者基于农业农村治理共同体发展过程中形成的对“原子化”农户/农场主与现代农业组织的共识、规制、公共价值。两者有机结合，共同推动农业农村现代化深入发展。首先，维度公共性强调人们主动追求超越个体与核心家庭层面的群体生活，通过公共交往去学习如何正确处理好个体与他人、集体和国家之间的关系。基于联结机制，通过农业农村治理共同体，“原子化”农户/农场主和现代农业组织通过公共交往与互动建立起超越个体和核心家庭层面的群体生活，在实现为我性的同时实现为他性，充分发挥其集体性和规约性（杨玉珍，2014）。即在坚持利他主义的前提下，多元化的“原子化”农户/农场主和现代农业组织以自我利益与目标实现为起点，培育集体主义，实现“多赢”。其次，规范公共性强调公共规则对合作秩序的塑造与规制。“原子化”农户/农场主和现代农业组织通过交流、协商、对话的方式使得个体与他者、团体与团体之间发生利益冲突，并达成共识，形成公共规则，同时发挥公共规则对个体和组织行为的规制作用。基于交往理性和沟通理性,“原子化”农户/农场主和现代农业组织基于联结机制建立以共同利益、价值取向、行为模式、社会环境、文化传统为基础的信任与承诺(张波 等,2022)。信任是关于期望他人行为的信念(沃伦,2004),是在一个社团之中,成员对彼此常态、诚实、合作行为的期待。基础是社团成员共同拥有的规范,以及个体隶属于哪个社团的角色。这里所指的规范可能包含深层的“价值观”也可能包含世俗的规范(福山,1998),是对一个人或一个系统之可依赖性所持有的信心,在一系列给定的后果或事件中,这种信心表达了对抽象原则(技术性知识)的正确性的信念(吉登斯,2011)。在农业农村治理共同体中,每一个主体通过一定的社会规范和公共规则嵌入农业农村现代化系统,并产生对于彼此积极预期的合作秩序。这种实践在以合作社为主导的农业农村现代化进程中尤为明显,毕竟当前我国的农业合作社承担着推动乡村振兴的重任,需要承担更多的农业发展和农村治理公共服务。最后,基于联结机制的农业农村治理共同体实质上为“原子化”农户/农场主和现代农业组织之间就特定公共议题进行沟通、交往与互动提供了公共空间。公共空间的共建共治共享既能够促进“原子化”农户/农场主和现代农业组织之间协同发展,也能够进一步增进公共性,巩固农业农村治理共同体。毕竟,公共性是公共空间的核心属性,是维持公共空间生存和发展的支撑条件(张诚 等,2019)。

第三节 农民组织化与农村公共性的脱嵌:农业农村现代化的艰难转型

落地才能生根,根深才能叶茂。农民组织化是实现农业农村现代化的组织形式,是外显形式,能随着时代发展而衍生出众多形式,承担着农业农村现代化落地的重任。农村公共性是实现农业农村现代化的内在基础,是内隐形式,在较长时期内具有较强的稳定性,承担着为农业农村现代化提供坚实基础的重任。两者共同构成了农业农村现代化的“一体两翼”。两者有机结合,能够为农业农村现代化提供稳定的组织架构和内在支撑,推动农业农村现代化稳定、有效、可持续发展。两者脱嵌,则可能导致农业农村现代化进程艰难。

《农业农村部关于实施新型农业经营主体提升行动的通知》指出,要加快推进新型农业经营主体高质量发展，推动新型农业经营主体提质增效。如何推动农民组织化与农村公共性互促共进，发挥各自在农业农村现代化进程中的优势与潜能，共同建构党政统合、多方参与、协同治理的农业农村治理共同体，是推进农业农村现代化建设的关键。现代农业经济组织虽然逐步进入了由数量增长到提质增效的阶段，但是也面临整合能力偏弱等问题。形式原因在于“原子化”农户/农场主与现代农业经济组织在组织结构和过程中的兼容性问题，实质上是现代农业经济组织、农业农村治理共同体因公共性基础弱化而难以“落地生根”。与此同时，乡村治理因公共性消解（吴理财 等，2014；郑庆杰，2019）、公共性空心化（芦恒，2015）等问题也弱化了其对农业农村现代化的支撑作用。中国共产党的百年奋斗取得的伟大成就得益于党对公共性逻辑的成功建构与实践（杨肇中，2021；桑明旭，2021）。进入新时代，如何借助乡村振兴和建设行动，改善农村公共性生产生态，探讨农民组织化与农村公共性建构有效同频共振极为重要。

一、农民组织化面临发展困境

张晓忠等（2007）指出，当前农民组织所存在问题的主要原因包括两个方面：一方面组织种类单一，多为正式组织，非正式组织数量不足；另一方面正式组织应有的功能并未得到有效发挥，已有的非正式组织多处于组织发展初期，不能较好地发挥其应有功能。王桂林等（2006）认为，政府在涉农公共服务方面尚存不足，政府未明确农民组织的法律地位、缺乏针对农民组织贷款与税收等方面的优惠政策。赵泉民（2005）认为，农民市场主体地位的残缺性是实现农民组织化的现实障碍，要发挥农民的主体自由。张兆曙（2009）认为，我国农民组织化问题产生的根源在于，农业生产的“兼业性”使得农民对农业的依赖性降低，因此弱化了农民组织的力量。贺雪峰（2019a，2019b，2019c）从农村发展的经济角度出发，指出将农民组织起来的关键在于以农村土地集体经济为基础，借助“三权分置”的制度优势建立农村集体经济，以便在村社集体内部形成“利益共享、责任共担”的利益再分配机制，让农民真正介入村庄事务。

二、农民组织化面临质量低、效果弱的问题

虽然我国现代农业组织发展正在逐步由数量规模发展阶段过渡到质量

效益发展阶段。国家也正在逐步投入资金、人才、税收等政策资源来引导现代农业组织在产权关系、组织管理、利润分配等方面规范化发展。现代农业组织农业农村现代化进程中，尽管优质合作社已经按照现代企业的标准进行运转，但合作社行为扭曲现象尚存于合作社成立、运行及利益分配各环节（林星 等，2018）。“空壳合作社”“挂牌合作社”等并未真正从事农业生产经营活动，严重影响了“原子化”农户/农场主与大市场的有机衔接。这些合作社的存在，表明其尚未扎根于农村且悬浮于农村，其行为尚未得到“原子化”农户/农场主的认可，尚未处理好其与“原子化”农户/农场主间的利益联结关系。抑或，这些合作社仅仅考虑其产业利益和经济利益，单纯追求利润而忽视了产业链利益的共享。从维度公共性角度看，这实质上是市场主体建构公共性失灵，尚未有效平衡自身市场利益与公共利益之间的关系。抑或，这些合作社尚未建构起基于主体间性的平等协商、合作关系，导致自身市场利益裹挟“原子化”农户/农场主利益。

三、农村公共性面临消解状态，需要重构

农村公共性是作为农村主体的农民在实践过程中形成的、与私人性相对的属性，以政治、经济、文化、社会等领域为存在场域，以公共领域、公共空间、公共服务、公共规则、公共交往、公共舆论、公共组织等为载体，以公开性、共同性、实在性为特征，解决的是“人生活在一起”过程中产生的利己与利他关系问题，它内显为农民所具有的公共精神，外化为农民的公共参与（翟军亮 等，2019）。

对于当前中国农村公共性正处于消解状态这一论断，学术界也基本达成了共识。代表性观点为：当前中国村级治理中存在着去公共性的问题（贺雪峰，2023），农村公共性消解（贺雪峰，2012）、乡村主体性消解（邱建生 等，2016）、贫困人群在开发扶贫中的主体性被忽略和“去能”（吴重庆，2016），无主体熟人社会形成（吴重庆，2011）、基于私利的理性选择盛行、集体价值观念式微（贺雪峰，2010；韩玉胜 等，2014）、村庄公共空间发展存在可达性不足、公共参与的缺失、空间发展理念的迷失、社会功能的弱化以及公共议题的失语（张诚 等，2019）等问题。

对于农村公共性消解产生了负面后果这一论断，学术界也同样达成了较多共识。代表性观点为：曲延春（2014）分析了农村公共产品市场化供给

过程中的公共性流失问题，认为地方政府把农村公共产品市场化供给作为推卸自身责任的手段，市场化供给偏离了公益性目标，其结果缺乏公平性，过程缺乏公开性，这样的市场化供给反而制约了农业生产的发展。贺雪峰(2019d,2023)则认为，资源下乡导致村级治理行政化现象的出现，其必然后果是村庄公共性的消失、资源下乡的低效甚至无效；同样，村级治理行政化可能导致无法将农民动员组织起来，最终导致村级治理的失败。武中哲等(2016)从治理模式建构角度研究并指出农村公共性的缺失使得农村治理出现危机。王丽(2022)认为，我国乡村治理中出现了公共价值理念阙如、公共空间失落、公共文化式微、公共组织功能弱化等公共性问题。

在重建路径方面，代表性观点为：贺雪峰(2023)认为可以借助国家资源下乡、农村土地集体所有制、村庄矛盾解决过程将农民组织起来，重建农民的主体性，以此来重建村庄公共性，建设一个以民主、公正为前提的、基于村庄的强社会，以推动基层治理现代化。张诚等(2019)提出通过“共建、共治、共享”来重构乡村公共空间公共性。杨玉珍(2014)通过对湖北省秭归县“幸福村落”建设的研究分析，提出乡村公共性再生产的内在根源在于完善的制度设计与群体的切身利益诉求实现对接，再辅之以村落记忆的黏合作用。田毅鹏(2009)认为，当代中国城市化、市场化背景下乡村壮年劳动力大量流失的直接后果是村庄公共性的衰落，进而提出了“流动的公共性”观点，即特指在现代城乡关系转换的进程中，为保障往返于城乡之间农村流动人口的基本权益而拓展和创生出的公共性形态。张良(2014)认为，农村公共性的建构主要在于国家权力对农村社会的介入程度，需要政府重塑村集体权威以形成村庄动员性力量和培育基于农民生产生活需要而形成的民间组织以形成村庄内生公共性。应小丽等(2015)认为，农村集体经济与社会资本对农村公共性的建构具有重要作用。武中哲等(2016)认为，解决农村公共性的路径同样应依靠农村集体经济的发展及其与农村社会相契合的法律和制度保障。田毅鹏(2014)强调，可通过文化价值的开发利用来实现农村公共性的重建。王丽(2022)认为，可通过主流价值观引导、重建公共生活和公共空间、完善制度安排来推动公共性重建。

四、农村公共性消解影响农业农村现代化推进

农村公共性消解，对农业农村组织的规制作用逐渐弱化，影响了农业农

村现代化的深入推进。例如，农业农村现代化进程中，大部分农民组织化在蓬勃发展，但是也有一些农民组织或者是空壳的，徒具形式；或者为了市场利益（合作社或企业的利益）而牺牲利益相关者利益。这些行为造成了农民组织化推进与农村公共性的脱钩，难以实现由表及里的全面提升。这种现象导致农民组织化缺乏持续性，农村公共性缺乏载体，两者难以有效融为一体，更难以有效互促共进。

反之，农民组织化脱嵌于农村公共性，则可能导致农民组织化往往悬浮于农村社会基础之上，农村公共性建构往往因为缺乏有效的“抓手”而变得空洞，容易演变为形式主义。农民组织化则由于缺乏公共性支撑，而容易产生“最后一公里”的问题。例如，农业税取消以后，国家通过项目的方式对农业农村进行了大量政策资源输入以推动农业农村现代化。政策输入，一方面需要农民以组织化形式进行承接，这要求以农民为主体的组织化，促使农民有能力对接国家资源，将国家资源转变为自己建设美好生活的能力（贺雪峰，2019c）；另一方面也以公共服务、公共基础设施等为物质载体，以基层民主协商制度为程序和规则载体来建构公共性。实践中，政策资源以项目外包的形式进入农村，存在将农民这一真正的主体排斥在政策合法性建构与执行过程之外，未建立以规则规范为基础的政策执行过程的可能性，导致国家资源下乡与农民组织能力体系并未相得益彰，难以建立一个充满活力、具有村庄公共性的社会，容易导致国家的政策资源输入与村庄实际需求不符，更容易形成国家输入农村的资源越多，农村越缺少组织起来的动力，村庄越缺少维护公共性的动力这一尴尬局面（贺雪峰，2023）。当农业农村现代化面临农民主体缺位时，其进程将步步维艰，毕竟对农业农村现代化而言，政府赋能与农民组织二者缺一不可（计晗 等，2021）。

第四节 探寻农民组织化与农村公共性的交互性建构机理：思路与方法

一、基本思路

基于马克思哲学中的实践公共性生存逻辑，美好生活是在人类组织化、制度化生存与发展实践中历史性生成的（袁祖社，2019）。与此同时，人类历史进程中公共价值与美好生活实践的理论探索和实践演进，包含着人之成长为人的过程中，公共性理念的普遍自觉、公共性品质的确立、公共性精神境界的逐渐养成，以及对于未来美好社会之合理模式的前瞻性建构（袁祖社，2019）。可以看出，组织化与公共性构成了美好生活生成的本质属性。

新时代，实现农业农村现代化是全面建设社会主义现代化国家的重大任务，是解决人民日益增长的美好生活需要和不平衡不充分的发展之间的矛盾的必然要求。农业农村现代化与美好生活需要之间的内在逻辑关联决定了农业农村现代化与组织化、公共性的内在逻辑关联。实际上，2023 年中央一号文件《中共中央 国务院关于做好 2023 年全面推进乡村振兴重点工作的意见》提出的“建设宜居宜业和美乡村”目标正是对这种关系的深描。从构成元素层面看，“宜居”强调的是农村现代化，侧重于公共性建构，“宜业”强调的是农业现代化，侧重于农民组织化生成；“和美”意味着农业农村发展模式的转型，即从传统意义上片面追求经济发展模式、注重物的需求向现代意义上注重人的发展的公共性的层面转变，从农业现代化单维逻辑向农业现代化和农村现代化双维逻辑转型；从单个推进向一体设计、一并推进转型。从系统效应层面看，“和美”强调的内在“和”与外在“美”的有机整合，是多维元素间基于包容、协同、融合、共生而实现的“美美与共”。建构和发展共生、共在、共享的共同体公共性（袁祖社，2017；袁祖社，2019）是该目标的本质内容。概而言之，基于美好生活目标，必须探究农业农村现代化与农民组织、农村公共性之间的内在逻辑关联。

（一）实现农业农村现代化，需要以大历史观审视演变机理

要实现农业农村现代化，需要坚持用大历史观来看待农业、农村、农民问题，需要从历史长河中分析演变机理、探究历史规律，增强系统性、预见性和创造性，掌握历史主动。纵观中国共产党成立以来的历史可以发现，中国共产党不断地“将农民组织起来”并建构公共性，实现两者协同发展，领导中国革命取得了成功。遗憾的是，现有研究或者集中于农民组织化，或者集中于农村公共性，将农民组织化与农村公共性联结起来进行的研究颇少。就农民组织化而言，学者关注农村的乡镇政府、村委会、村集体经济与农民等主体的具体行为，更注重多元主体之间的协同、合作，特别在新时代背景下更加注重农民在农村治理中的主体地位，试图以此激发农村社会的内生动

力来实现农村公共性的真正发展。就农村公共性而言,学者注重农村公共性这一本质要求在农村的表现,认为农村公共性置于农村场域的表现涉及多个层面,包括主体层面的各行为主体及其对农村社会整体的直接影响,并反过来影响农村社会的主体行为与价值观念。更为遗憾的是,现有研究尚未用大历史观来审视农业农村现代化进程中的农民组织化与农村公共性的交互性建构问题,更未把握其中的规律性。历史是最好的老师。因此,有必要从农民组织化与农村公共性的交互性建构视角来审视农业农村现代化历程,揭示中国共产党领导农业农村现代化的历史奥秘,增强未来工作的主动性。

(二)分析农民组织化与农村公共性的交互性建构现实需求

在中国农村社会整体发生系统性大变革的背景下,审视农民组织化与农村公共性的交互性建构机理及其变迁逻辑是促进乡村治理、实现农业农村现代化的现实需求。一是农业农村现代化生态的巨变。农村已从传统意义基于血缘或地缘而形成具有高度同质性的、注重集体生活的人情社会逐渐向现代意义的基于市场交易而形成的具有高度异质性的、注重个体发展的开放社会演变。改革开放以来,伴随着人民公社解体和村民自治的实施,作为基层群众“自我管理、自我教育、自我服务”的自治组织——村委会并未切实具有将农民组织起来的机制,使农村出现“社会原子化”的倾向,我国农村基层“村级治理行政化”(贺雪峰,2019d)成为普遍现象,难以真正地解决农村发展中产生的新的公共问题,致使农业农村现代化未能较好地促进公共性的发展,具体表现为农村公共事务的参与主体缺失、农村公共精神与公共文化以及村规民俗淡化等问题。另外,城市化和市场化的加速发展,促使农村原有结构与功能的改变,农民组织化主体方面,农民组织化呈现出弱化的特点。大量外出务工人员和“兼业”与“转业”的农户涌现出来,弱化了农民组织化的可能性。农民组织化动力方面,新时代农民组织化的动力呈现出不同的特征。国家力量与市场经济力量的转变与交替,使得经济利益与人情世故、村规民约一并成为农村社会的行为准则。这一特征在农民个体上凸显,农村也由差序格局下的“熟人社会”向“无主体熟人社会”转变(吴重庆,2002)。这些都使得农民组织化与农村公共性问题愈发严峻,农村现代化建设危机凸显。二是乡村振兴和建设运动的深入进行也为农民组织化与农村公共性建构提供了新的实践基础和研究方向。首先,作为单个个体而言的主体,同样能够产生公共性。唐文玉(2015a)指出,社会组织公共性的生长原点在于个人,遵循“个人—共同性—公共性”的基本生长逻辑,亦即“个人”创造“共同性”、基于“共同性”而开拓“公共性”。有学者在已有的农民合作经济组织基础上,探究培育农民文化精神,注重农民经济合作组织与农民公共文化之间的相互关系,进而有利于农村公共性的建构(刘洪银 等,2018)。其次,强调农民组织化在农村各个领域与层次的体现与作用,强调从整体性意义促进农村公共性的建构。邹英等(2019)以农村集体经济为切入点展开研究,指出应将农村的经济目标与政治、文化、社会等目标组织起来、相互联系,避免农村片面追求经济发展而忽视社会目标的实现,进而实现农村公共性的建构。吕方(2013)认为,国家与农民之间“中间组织”的缺失造成农村治理危机,这就需要农村社会组织发挥作用,从而共同建构“新乡土性”。三是农业农村现代化研究进展的现实需求。在国内外农民组织化研究方面,国外学者更多的是关注组织,重视组织的发展,而对农民组织化的研究较少。国内学者对农民组织化的研究较多,但多是聚焦于某一问题的具体情境,缺乏规律性总结及系统性分析。因此,为了更好地理解农民组织化、把握其发展路径,应从农民组织化的历史演进中进行分析。在国内外农民组织化与农村公共性研究方面,通过文献梳理发现,尽管不少学者赞同农民组织化能够促进公共性的建构,同时也赞同农村公共性建构有助于将农民组织起来。然而,将农民组织化与农村公共性建构联系起来进行的研究却不多见。鉴于农村现代化建设是一个整体性治理这一特征,有必要对两者交互性建构进一步研究、深化。本书将此置于农村整体发展这一场域之下,与其市场环境、农村社会、政策规章等具体情境相结合,对农民组织化与农村公共性的历史演进进行分析,理解与把握农民组织化与农村公共性之间的交互性建构机理,以进一步分析与研究农民组织化与农村公共性之间的关系。另外,运用理论分析与案例研究分析的研究方法,从理论层面解释与分析农民组织化内在维度特征、农村公共性内在维度特征以及两者之间交互性建构的作用机理。这就使得农民组织化与农村公共性之间的关系上升到理论层次,更好地指导我国农业农村现代化发展及其实践活动,为国家社会发展做出力所能及的贡献。

本书正是立于这样的现实背景和研究成果的基础之上,把眼光聚焦于农村基本经济制度这一我国农村发展的基本要素的政策变迁之上，以此线索来分析农民组织化与农村公共性之间的交互性建构关系。

二、研究意义

党的二十大报告确立了中国共产党新的奋斗任务。在这一背景下，推进农业农村现代化具有重要的理论与实践意义。农民组织化的发展有利于破解农民个体“原子化”的难题，增强农村的公共性建构，促进我国农村政治、经济、社会、文化的全面发展；而农村的公共性建构有利于农民自我确认时考虑“他者”的在场，能够较好地兼顾个人利益与集体利益，进而促进农民组织化，同时促进农村现代化建设。本书在理论和实践两个方面具有重要意义。

一是理论意义。当前学术界对于农民组织化与农村公共性的研究更多地关注公共性概念或者宏观层面公共性建构等方面，而从制度方面和实践方面对组织化与公共性两者之间关系的研究较少。本书将依据农村基本经济制度的变迁脉络，把研究焦点聚焦于农民组织化制度变迁之上，从政策变迁视角出发，通过主体、动力、过程、结果等四个维度对农民组织化与农村公共性的交互性建构进行理论性与历史性分析，尝试厘清农民组织化与农村公共性的交互性建构的作用机理，并以此为基础试图进一步提出农民组织化与农村公共性的交互性建构的未来路径，从而更全面地把握有利于乡村振兴与农村现代化建设的积极因素；同时，基于政策变迁的研究能够从整体上把握农民组织化与农村公共性的交互性建构关系，也能够为我国乡村振兴与农村现代化建设的政策发展提供宝贵的理论参考。

二是实践意义。本书通过从农村基本经济制度的政策变迁视角出发，结合农村这一场域的具体实践情境，分析农民组织化制度层面的组织化与公共性的交互性建构的内在逻辑关系与作用机理，探讨农民组织化与农村公共性的交互性建构的未来发展路径。通过农民组织化的制度分析从整体上把握农民组织化的历史演进，尝试探索和总结农民组织化与农村公共性的交互性建构的关系，有助于我国乡村振兴与农村现代化建设政策的进一步发展、完善。同时，通过与我国农民组织化与农村公共性的具体治理环境相结合，更好地落实“将论文写在祖国的大地上”这一学术理念，对于推动农业农村现代化建设、促进乡村振兴实现有着重要的现实价值和指导意义。

三、基本框架

要揭示农民组织化与农村公共性的交互性建构机理与变迁逻辑，本书重点分析新中国成立以来农民组织化与农村公共性的交互性建构的调整进程与创新发展，总结经验，提出未来发展路径，以期为农村现代化建设提供建设性建议。具体而言，本书通过对农民组织化与农村公共性的理论基础进行分析，以主体、动力、过程与结果等为维度建构了对农民组织化与农村公共性的交互性建构进行理论性分析的框架；同时，以农村基本经济制度为线索，将新中国成立以来的农民组织化与农村公共性建构模式划分为经济组织整合型模式、综合组织整合型模式、服务整合型模式和价值整合型模式，分析不同模式的农民组织化的历史发展与农村公共性的发展变迁、农民组织化与农村公共性的交互性建构的具体表现，以便从整体上理解与把握农民组织化与农村公共性之间的互动、变化关系，进一步把握农民组织化与农村公共性的交互性建构的内在发展逻辑，并在此基础之上进一步针对农民组织化与农村公共性的交互性建构提出具有可行性与操作性的未来发展路径，以期更好地促进乡村振兴与农村现代化建设。

四、研究方法

本书主要采用的研究方法包括：一是文献分析法。本书通过中国知识资源总库、万方数据资源、超星期刊数据资源等中文数据库与 Web of Science、Springer、Elsevier 等外文数据库对国内外农民组织化理论、农村公共性理论等有关文献进行检索、分类、研读和整理，以便了解农民组织化与农村公共性的发展历程和研究现状，借鉴已有的研究成果，减少研究误区，找准研究方向与研究思路。二是质性研究方法。质性研究方法是指以研究者本人作为研究工具，在自然情境下采用多种资料收集方法对社会现象进行整体性探究，使用归纳法分析资料和形成理论，通过与研究对象互动对其行为和意义建构获得解释性理解的一种活动（陈向明，2000）。本书在对农民组织化与农村公共性已有文献分析的基础之上，运用质性研究方法对农民组织化政策进行整体性探究，进而对其进行归纳总结，把握农民组织化与农村公共性的交互性建构，以便为我国农村现代化建设提供系统化的理解，使其具有现实意义。三是案例研究法。案例研究法是实地研究的一种方法,利用一定的调研方法对某一具体场景的研究对象进行资料收集,进而对此进行分析并形成具有一定理论意义的解释(殷,2014)。本书以当前村庄的具体发展情况以及相关历史资料为案例来源,根据研究目标的需要,运用访谈法和非参与式观察法,深入了解农民组织化与农村公共性的具体情况,获取感性认识和定性资料,从微观视角反映农民组织化与农村公共性的变迁,分析与理解以农民组织化与农村公共性的交互性建构促进农业农村现代化的未来发展方向。四是理论研究法。理论研究法是从已有的研究资料中归纳概括出一定的理论,并进行假设验证分析。本书从主体、动力、过程、结果等四个维度建构了农民组织化与农村公共性的交互性建构的分析框架,分析了农民组织化与农村公共性两者之间的互动与变化关系,对农业农村现代化的研究摆脱了片面针对农民组织化或者农村公共性所表现的某一个阶段性问题研究的局限性,有助于实现乡村振兴与农业农村现代化的全面发展。

Chapter 2
第二章

理论基础与分析框架

理论是实践的先导。农民组织化与农村公共性之间的内在关联与交互性建构是理解农业农村治理共同体的钥匙,也是理解农业农村现代化建设的重要途径。农民组织化与农村公共性之间的交互性建构分析框架涵盖了模式、建构主体、建构动力、建构过程和建构结果等核心维度。

第一节 农民组织化理论

农民组织化是实现乡村振兴和农业农村现代化的必要举措，关乎国家政治发展的长久与稳定。长期以来，我国农村发展与治理在国家的政治动员和行政推动中取得了一定的成效。然而，政治动员和行政推动在一定程度上忽视了农民在农村发展中的主体地位，难以有效激发农村的内在发展活力。同时，农民自身能力的局限性(吴春梅 等，2011)使得农民难以在农业农村现代化发展进程中发挥真正的主体性作用。因此，农民组织化成为衡量农民主体性作用的重要标准和塑造农民主体性的重要途径，也是农村持续有效发展的动力之一。

一、组织理论

组织从社会产生起，无论是氏族社会、封建社会还是近现代社会，都发挥着重要作用。随着多元主体的需要与利益的不断分化，加上信息科学技术发展带来的不确定性，使得以满足人们需求而形成的社会各种组织形式不断涌现、日趋复杂，人们对社会的组织化程度的需要更加强烈。因而，笔者有必要对组织理论基础进行简要梳理，以便丰富本书研究的内在含义。

从词义上来说，组织具有双层意义：作为“过程”的组织，强调的是按照一定的目标与形式将人、财、物等各类资源进行配置的具体动作过程；作为“实体”的组织，强调的是社会实体进行资源配置过程中所形成的组织各部分的组织形式与各部分之间关系的特定结构。一般研究意义上的组织包括“过程”与“实体”两层含义，不同研究视角形成了不同的组织理论，主要分为理性系统组织理论、自然系统组织理论与开放系统组织理论(斯科特，2011)。理性系统组织理论强调组织规则与边界，追求效率与规范化，将组织界定为将具体目标结构化的社会结构集合体，主要代表流派有泰勒的科学管理理论、法约尔的管理理论、韦伯的科层组织理论等。自然系统组织理论重视组织非正式关系，注重组织的行为结构而非组织规范结构，认为组织的参与者因寻求多种利益而形成一个集体，其主要流派有梅奥的人际关系学说、巴纳德的协作系统理论等。开放系统组织理论注重组织与外部环境互动，强调个体的多重身份与地位，将组织界定为组织参与者相互联系与依赖的活动体系。

尽管组织理论有其复杂性，定义组织的内涵具有其内在必要性，存在着某些基本的原则，这些原则具有普遍适用性，就像那些表征任何科学的原则一样（颜昌武 等，2010）。霍尔（2003）认为，组织是一个具有相对明确的边界、规范的秩序、权威层级、沟通系统及成员协调系统的集合体；这一集合体具有一定的连续性，它存在于环境之中，从事的活动往往与多个目标相关；活动对组织成员、组织本身以及社会产生结果。简而言之，组织是指在特定的社会环境中，作为个体的人为了实现某一特定的目标通过相互交往形成共同心理意识，进而按照一定的方式结成正式或非正式的组织结构，从而联合起来的有机整体。

二、组织化理论

如上所述，组织包含过程与实体两个方面。组织化是组织演化形成的过程，从分散、孤立、无序的状态走向集中、有序的协同发展状态。同时，组织存在的目的在于实现组织内个体与组织自身的目标。组织化是通过社会各要素的有效整合以实现最大效益的过程。组织化具有多层含义。一是静态与动态相结合，即组织化活动程度的高低与其活动的过程，组织化的表述既要注重过程，也要注重结果。一般而言，组织化往往被看作组织的动态表述，强调过程意义，忽视了各要素在组织化过程中的实际状况与组织化的具体效果。二是具有共同性与多层性，即组织化是为了某种特定目标的实现。组织内部各要素因共同的目标而结合在一起，从而形成大于自身的力量；因组织内部各主体目标的差异，形成不同层次的组织形式即政治组织化、经济组织化、文化组织化、社会组织化等。三是动力性，即组织化动力来源于内生性动力或者外源性动力。内生性动力往往是指组织本身运作过程中产生的力量，主要有行动者的行为观念、组织的整体利益与个体利益之间的关系等。外源性动力是来自组织发展外部的力量，主要有科学技术的进步、社会制度体制、法律法规等。四是具有普遍性与特殊性，组织内部各要素，特别是作为组织的行动者这一要素往往具有多重身份与地位，使得组织面临角色与利益的内在冲突，这就需要组织进行有效管理组织内部个体与组织集体利益之间的关系。在这一过程中，因各组织之间的性质与职能的差异而形成不同的组织利益，进而需要与不同利益的组织进行协调与沟通，以实现组织的优化。

为什么要推进组织化？不同理论给出了不同的解释。整体上，主要包括分工协作、制度变迁、厂商竞争、合作化和规模经济等理论（曹晔，2002）。分工协作理论是指，农户以家庭联产承包责任制为基础与农户外部市场经济的分工协作，能够发挥家庭联产承包责任制的固有优势并克服其先天不足，实现农业的发展。制度变迁理论是指，市场主体和国家组织的地位与作用表现在现实生活中并不是绝对的，两者相互作用共同促进社会制度变迁。厂商竞争理论从交易费用的目的出发，结合农业生产的完全竞争性特征指出，农民组织化的途径在于流通领域的联合与合作。合作化理论认为，合作是人的本能，其机制建构的目的是为劳动者服务，协调内部关系与收益分配。规模经济理论认为，实行规模经济是每个行业的共同目标。罗永泰等（2006）认为，国家—社会“两分法”及新政治经济学对农村组织及其发展的研究影响较大。

三、农民组织化理论

农民组织化作为组织化在农民这一行动主体的特定表现，既具有农民这一行为主体的独特性又具有组织化这一理论的共同性。

（一）农民组织化的内涵

从农民组织化的组成形式上看，农民组织化内涵包括“农民”与“组织化”两层含义。农民，本身是一个复杂的概念，有狭义和广义之分。狭义上的农民是指，具有农村户籍、长期居住在农村地区，并从事农业生产、加工与经营等一系列农业劳动的居民。广义上的农民是指，我国现行户籍制度下城镇以外的隶属于农业户口这一类别的居民，具有明显的地域性特征与城乡结构发展过程的制度特征。无论是狭义上的还是广义上的，农民这一概念都显示出明显的农业特点。本书中所使用的农民的概念，主要是指从事农业劳动的居民。

关于农民组织化的研究历史悠久，学者众多，成果丰硕。早期的梁漱溟、晏阳初，当前的徐勇、邓大才、贺雪峰、张晓山、温铁军、徐祥临等学者均围绕农民组织化进行了深入系统的研究。学者们关于农民组织化的研究内容涵盖了农民组织化的必要性、意义、问题与对策、动力机制、载体、模式、农业家庭经营的局限性、组织化程度衡量与评价、组织化路径选择等方面，研究场域涵盖了贫困治理、土地流转、农业经济增长方式、社会主义新农村建设等场域。例如，程同顺(2003)认为，农民组织化，是指农民为了更好地实现、保护和促进自身的经济利益和提高自己的社会政治地位而联合起来形成的各种经济和政治组织的行动和过程，强调了农民的经济与政治方面的组织化。有学者认为，农民组织化是指，农民自发联合起来，通过各种经济和政治组织行为，提高自身经济利益的过程(李敏 等，2015)。由上述组织化理论可知，农民组织化包括除政治组织化和经济组织化之外的文化组织化、社会组织化等；同时，农民组织化在内生性或外源性动力等多重作用力下共同产生的结果不是一种力量作用的结果。吴琦(2012)认为，农民组织化是指，分散的农民组织起来的活动过程和呈现出的组织水平高或低的状态，在方式上有自组织化和被组织化，在内容上包括经济上的组织化，也包括政治上和文化上的组织化。因此，本书根据研究需要，将农民组织化界定为政府等单一或多个行为主体在农村这一场域中通过多重作用力的整合，利用自组织化或被组织化方式将农民组织起来，以实现农民的政治组织化、经济组织化、文化组织化与社会组织化等多种组织化形式，进一步实现农村的可持续发展。农民组织化不仅可以提高农民在生产经营过程中分工和协作的程度，也可以反映农民的社会地位和政治权力(赵昌文，1994)。可以看出，尽管不同层面的农民组织化所指涉的具体内容不同，但其本质却是一样的，即农民由原子化的、分散的个体状态逐步转变为彼此有机联系的组织状态的过程。也因此，农民组织化与农村公共性有着天然的联系。

(二)农民组织化的两个问题

对此，我们需要注意农民组织化的两个问题：第一个问题是农民组织化并不是单纯意义上的将农民组织起来的含义；第二个问题是农民组织化在不同的历史时期具有不同的表现。对于第一个问题，从农民组织化的概念可知，其包含两层含义：组织农民和农民组织，前者是指农民组织化的动力来源即促使农民组织形成的力量；后者是指农民在这一过程中的主体作用，因而需要引入农民组织这一概念进行解释。农民组织不同于政府组织，是一种以农民为参与主体，以实现农民的经济利益、政治利益、社会利益等为目标而建立的农村民间社会团体。农民组织可划分为农民政治性组织、农民经济性组织、农民基层自治性组织、农民社会性组织。农民政治性组织一般是指西方国家的利益集团，其寻求政治利益；在我国，农民组织是非对抗性的关系，常常表现为维权性质的组织（程同顺 等，2003）。农民经济性组织是农民经济发展的主要载体，主要指新型农业经营主体。农民基层自治性组织是为了更好地实现自我管理、自我教育、自我服务而依据宪法建立的基层群众自治性组织，在农村领域是指村民委员会。农民社会性组织更多的是农村公益性社会组织，常常为农村领域提供社会性公益活动。这几种类型的农民组织，彼此相互影响，为农民组织化的有序运行提供了载体。因此，我们需要正确认识农民组织化的含义以及农民主体在农民组织化过程中的地位与作用。

对于第二个问题，从第一个问题我们可以看出，在农民组织和农民组织化过程中政府等行动者的地位与作用。然而，在不同的社会与发展阶段，农民组织具有不同的组织形式，同样农民组织化的参与主体也因政策与社会发展环境呈现出差异性。因而，农民组织化程度在不同的社会发展阶段呈现出高或低的状态。传统社会时期，小农经济与宗族习俗贯穿农村社会，并不存在真正的农民组织，更遑论农民组织化程度的高低。一方面，在小农经济与宗族习俗治理模式下，农村的经济社会活动往往由乡绅或较大的宗族所把持。另一方面，这一时期的农民在传统“君臣”思想的压制下，缺乏农民自身的主体性，非现代意义上的“公民”。新中国成立后至改革开放之前，在国家整体宏观战略的影响下，土地改革的完成为建立政社合一的农村组织形态奠定了物质基础，农民组织规模之大、人口数量之多达到了前所未有的程度。然而，这一时期的农民缺乏自身发展机会与动力，农民组织是在政府主导下所建构的，具有政治色彩。改革开放之后，农村土地制度从人民公社转变为家庭联产承包责任制，农村的组织形态从“政社合一”的人民公社转变为村民自治。这一时期，国家行政管理职能从农村抽离，农民呈现“去组织化”的状态，农民难以组织起来。这一时期，农民组织既重视基层党组织建设，又注重激发农村内生动力，使得农民真正地组织起来并参与农业农村现代化。

（三）农民组织化的理论流派

关于农民组织化的理论流派的有关研究，魏丽莉（2013）根据不同理论思想来源和研究内容，将我国农民组织化理论划分为新乡村建设理论、农民专业合作社理论、综合性农业合作社理论三个流派。新乡村建设理论主要代表人物为温铁军、李昌平等，源于早期乡建学派梁漱溟、晏阳初的乡村建设思想及其合作社实践，强调中国乡村文化对农民组织化的作用。其中，温铁军等(2020)倡导新农村建设，重视“村社理性”；李昌平(2017)以行动者的姿态，探索村社内置金融方式以助推村社共同体建设。农民专业合作社理论主要代表人物为张晓山、苑鹏等，主张完善农村基本经营制度，通过实现农业现代化、产业化促进乡村振兴(苑鹏，2017)。综合性农业合作社理论主要代表人物为徐祥临等，主张以财政支持来建构三位一体的农民合作社体系，强调国家政府对于农民组织化的主导作用(徐祥临，2020)。

第二节　农村公共性理论

农村公共性是实施乡村振兴的发展动力，是实现农业农村现代化的内在要求。我国作为农业国家，农村问题是学者关注的重要问题，较为著名的是 20 世纪 30 年代梁漱溟先生主办的乡村运动建设。公共性作为人类社会不可或缺的因素，在我国农村发展的不同阶段具有不同的表现。农村公共性经历了不同的发展演变，赋予了农村公共性不同的内涵。

一、公共性理论

公共性问题伴随着人类社会的存在而存在，具有历时性与共时性的双重特征。阿伦特、哈贝马斯和罗尔斯关于公共性的经典研究，确定了公共性对人自身生存条件与社会发展的重要意义，同时也确立了关于公共性问题理解的重要理论框架和研究方法。公共性在公共性经典研究与人类社会发展需求等多重作用下从哲学领域逐渐向其他学科领域延伸，生成了复杂的、多层次的概念。公共性虽与人类社会相伴相生，但在统治型社会治理模式下公私并未分化。公私的概念只是人的集合状态或规模的状态，所指的只是一种个人与集体的相对性(张康之 等，2003)，只有在工业社会即管理型治理模式下公私逐渐分化中才凸显出来，因而公共性的问题实质上表现为个体与集体的关系。

公共性是人类社会的本质表现形式，对公共性的研究始于人们对个体与集体之间关系的研究。“公”与“私”相对，具有公正、公平、共同、公开的含义。《现代汉语词典》将“公”解释为属于国家或集体的（跟“私”相对）。从对公共性的表述中，可以总结出其内涵核心在于以个体性为基础的社会性，并随着社会的发展而演进变化。

公共性是人类生存的基本需要，其与“私人性”相对，具有公开性与共同性、共在性。公私问题肇始于人类社会之初，公共性作为规范性的理论话语体系源于工业社会的自由与共和之争即对个体与集体关系的反思与追问。公共性是一个历史范畴，在不同历史阶段和不同场域形成了不同的内涵。

（一）哲学和政治哲学中的公共性研究

一般意义上来说，公共性问题自人类社会存在就产生，最初公共性作为统治阶级的治理工具而存在，没有成为人们关注的社会问题；随着人类意识的觉醒和个体私欲增多，人类的共在问题逐渐显现。因而公共性成为一个流动性、复杂化的多层次概念，具有历时性与共时性的双重特征。就历时性而言，同一学科领域的不同历史时期的公共性内涵及其表现形式不同；就共时性而言，同一历史时期的学科领域因其地理位置、社会特征、国别所属以及研究视角的差异亦有不同的公共性解释。因而，对于公共性这一问题，不同领域与学科之间存在差异性的解读。为了便于对公共性理论进行理解，有必要对公共性哲学层面的概念进行梳理。

1. 哲学层面的公共性

对公共性进行系统阐述最早可追溯于 20 世纪 50 年代阿伦特（1999）的《人的条件》，其根据古希腊城邦时期人的生存条件对“公共性”或“公共的”的含义进行辨析。阿伦特认为，公共性根源于人性以及由此决定的人的生存状态和生活方式。基于所有的人类活动都依赖于人们共同生活的事实，阿伦特认为公共性是“人的特性”的条件。在这一前提下，阿伦特认为公共性意味着公开性和共同性。“公共”这个词意味着两个内在紧密联系但并不完全一致的现象。首先，它意味着任何在公共场合出现的东西能被所有人看到和听到，具有公开性。“公共”一词表示世界本身，即世界对我们所有人来说是共同的，并且有别于我们在它里面拥有的一个私人处所而言。一起生活于世，根本上意味着一个事物世界存在于共同拥有它们的人们中间，仿佛一张桌子置于围桌而坐的人们之间。世界，就像每一个“介于之间”的东西一样，让人们既相互联系又彼此分开（阿伦特，2017）[34]。其次，公共性意味着实在性。公共领域的实在性取决于共同世界借以呈现自身的无数视点和方面的同时在场，尽管共同世界乃是一切人的共同会聚之地，但那些在场的人却是处在不同位置上的。被他人看见和听见的意义在于，每个人都是站在一个不同的位置上来看和听的。这就是公共生活的意义（阿伦特，1998）。最后，公共性意味着共通性，一个物质世界处于共同拥有它的人群之中。这一世界就像一件中间物品一样，在把人类联系起来的同时，又将其分隔开来。作为一个共有的世界，公共领域把我们聚在一起，又防止我们彼此竞争。阿伦特所说的公共性是一个纯粹的公共政治领域，在这个领域中，无论属于哪种阶级、性别、种族或者民族，所有市民都能平等对话（桑内特，2008）。可见，阿伦特关于公共性的阐释发生于对公共领域与私人领域的分析之中。

2. 政治哲学层面的公共性

与阿伦特从哲学层面对公共性进行研究不同，哈贝马斯基于公共领域理论，从政治哲学的层面进行了研究。哈贝马斯（2014）认为，公共领域最好被描述为一个关于内容、观点，也就是意见的交往网络。在那里，公众交流被以一种特定方式加以过滤和综合，从而成为根据特定议题集合而成的公共意见或舆论。基于此，哈贝马斯从历史视角划分了三种不同类型的公共领域，其介于国家政治权力领域与私人领域之间，是政治权力之外，作为民主政治基本条件的公民自由讨论公共事务、参与政治的活动空间，即人们在这一活动领域中运用交往理性进行公开交流、对话与辩论，形成公共意见或公共舆论，进而在国家政治领域发挥公共领域的批判与监督作用。在此基础上，哈贝马斯对公共性的生成进行了分析，将公共性和公共领域视为一个同质概念，并指出公共性本身表现为一个独立的领域，即公共领域，它和私人领域是相对立的（哈贝马斯，1999）。哈贝马斯（1998）认为，“公共领域”，是指我们社会生活的一个领域，在这个领域中，像公共意见这样的事物能够形成。公共领域原则上向所有公民开放。公共领域的一部分由各种对话构成，在这些对话中，作为个体的人们来到一起，形成了公众。在这个领域中，作为公共意见载体的公众形成了，同时，该领域涉及公共性的原则。原来意义上的公共性是一种民主原则，只有当个人意见通过公众批判而变成公众舆论时，公共性才能实现。从要素上看，哈贝马斯所说的公共性主要包括三种要素或层次。一是公共空间。它是自由和开放的，凌驾于个人之上但是又不受国家控制，任何人都可以选择参与或退出。二是公共批判。公共批判，即参与进来的公众要理性地对公共权力和公共事务进行批判。当公共领域的参与者愿意并且能够对自己生活其中的共同体制度以及公共事务表达自己的意见时，公共性就呈现出来了。三是公共共识。公共性的根本价值就是让具有批判精神的公众在独立的公共空间里对自由、民主、正义的公共规则达成共识。从上述论断可以看出，哈贝马斯所认为的公共领域以公众、公共意见或公众舆论、公共媒介和公共场所等为主要要素，以批判和开放为主要特征。

罗尔斯对公共性的探讨基于其公共理性理论、重叠共识理论。罗尔斯(2000)试图回答这样一个问题，即一个由于各种合乎理性的宗教学说、哲学学说和道德学说而产生分化的自由而平等的公民所组成的稳定而公正的社会如何实现长久存在？罗尔斯认为可能的途径就是寻找一种政治层面的公共性——重叠共识。公共理性是重叠共识的基础。罗尔斯认为，秩序良好的社会是一个由公共的正义观念加以有效调节的社会，在这样的社会里，不仅存在着一种公共的观念，所有公民从这种公共的观念出发能够调整他们的要求，而且由于这种观念得到了所有处于充分反思平衡中的公民确认，所以它也是得到相互承认的(罗尔斯，2002)。

弗雷德里克森认为，如果说政治哲学层面的公共性是着眼于公共生活的话，那么政治学层面的公共性则是着眼于功利主义基础。功利主义使得公共一词的崇高理念丧失了，成了政治和政府的同义语。功利主义哲学取代了希腊人的公共观，并且支配着政治的思想与实践。对个人的欢乐或所得、个人效用或成本收益的斤斤计较，取代了为了更大的善而治理的集体努力。政府的目的被降低为为私人谋取福利。公共成为原子化的个体的集合。除了个人利益的简单相加之外，不存在任何公共利益之类的东西(弗雷德里克森，2003)。

可见，公共性研究历时性地经历了哲学层面的公共性→政治哲学层面的公共性→政治学层面的公共性的演变历程，实现了从抽象的政治伦理生活原则到世俗的民主政治生活原则的转型，公共性内涵也实现了由抽象到具体的发展，形成了立体化的理论体系。

3. 共时性角度的公共性

从共时性角度看，公共性并非仅仅存在于政治领域，也存在于经济领域、社会领域和文化领域中。尽管政治与公共领域的天然联系使得公共性研究多集中于政治领域，但所有一切，都是以经济条件、经济生活的公共性为前提的。经济领域是私人性的，又是公共性的，是依赖其公共性才能实现其私人性的领域。在经济领域，经济领域公共性的根本在于社会生产条件和生产能力的公共性，在于生产、流通、交换和消费所要求的社会公共性。这种公共性并不否定私人利益，相反倒是合理的私人利益得以实现的基本保障。在社会领域，公共性被理解为公众自愿参与塑造公共空间，是社会建设的重要目标和支撑性条件。“公共性”是促成当代“社会团结”的重要机制，对于抵御市场经济背景下个体工具主义的快速扩张有着实质性意义；也是使个体得以超越狭隘的自我而关注公共生活的立基所在；还是形塑现代国家与公众间良性相依、互为监督新格局的重要条件（李友梅 等，2012）。在社会组织领域，社会组织公共性被界定为社会组织成员以组织化的形式思考、讨论、决定和实行“为大家好”的事情的过程，并由此而带来“为大家好”的结果（唐文玉，2015b）。在农村治理领域，公共性是超越个体和家庭层面，能够动员社会成员参与公共事务的组织性力量、凝聚性权力、权威性认同（张良，2014）。可以看出，公共性研究已经开始深入各个领域，随着广度的扩展，其内涵也在不断加深。但是，遗憾的是，学术界尚未就公共性这一核心概念界定达成共识。

（二）公共管理中的公共性研究

公共性问题是一个问题域，存在和体现于社会和个人的很多方面。公共性理论是具体的而不是一般的（谭清华，2014）。具体总是包含一般，阿伦特、哈贝马斯和罗尔斯的理论中包含公共性一般所具有的特征，即一是都含有与人相关的某种属性（泰勒，2017）；二是都包括相互共享性这一理念。理论只有实践才能显现其自身价值，哲学层面的公共性问题的探讨通过公共行政这一模式才能获得成果。公共性是公共管理的本质要求。研究公共管理的公共性，需要分析公共管理作为一门独立的学科在其历史演进过程中公共性的变化。公共行政作为一门独立的学科以来，经历多个发展阶段。根据文献梳理，本书将公共管理公共性的研究划分为：萌芽阶段、生成阶段、发展阶段、重塑阶段、新近阶段。

1. 萌芽阶段

19 世纪末 20 世纪初，西方主要资本主义国家由自由资本主义向垄断资本主义过渡，西方国家各种社会矛盾和政治问题涌现。这一时期公共行政学应运而生，其标志为威尔逊的《行政学研究》。然而，这一时期政府干预社会生活，其目的不是维护人民的利益，而是为垄断资本主义的发展铺平道路。随后，古德诺的政治与行政相分离、泰勒的科学管理运动与韦伯的官僚体制模式，三者共同成功地将理性与效率确定为政府的追求，默认为政府追求效率就是对公众负责，忽视了公共行政内在的伦理与价值。Wilson (1887)将公共行政目标界定为，政府能够适当和成功地做什么工作，政府怎样才能高效地完成这些工作，同时所耗费用和能源又要尽可能低。这标志着以效率价值取向为主要内容的管理主义开始登上历史舞台，开启了公共行政学说史上的宪政主义之争和管理主义之争的序幕。威尔逊之后，古德诺(2012)进一步完善了政治—行政二分，将政治界定为政策或国家意志的表达，行政是对这些政策的执行。这使得行政科学化目标又向前迈了一步。正如威尔逊所认为的，行政研究的目标在于把行政方法从经验性实践的混乱和浪费中拯救出来，并使它们深深植根于稳定的原理之上。尽管古德诺也承认政治与国家意志的执行有关以及政治必须保持对行政的适度控制，但依旧改变不了公共行政彻底成为政策执行工具的趋势。此后，事实—价值二分与决策—执行二分(吴春梅 等，2010)又进一步巩固了传统公共行政所确立的效率至上的价值理念，但是效率至上的价值理念在公共问题的解决上一筹莫展，它未曾顾及社会性的公平分配，其结果往往促使社会上有组织者、有权势者以及既得利益者受益最多，而造成越来越多且差距日益增大的不公平、不平等现象(弗雷德里克森，2011)。

工业化的来临和现代企业的发展产生了不同于农业社会的"秩序"和效率需求，客观上为官僚制成为一种组织体制乃至社会管理体制提供了条件。较之当时的其他组织形式，官僚制所坚持并发展的原则契合了工业社会发展的需求——理性与效率。根据全部经验，纯粹的官僚体制的行政管理，即官僚体制集权主义的、采用档案制度的行政管理，精确、稳定、有纪律、严肃紧张和可靠。形式上可以应用于一切任务，纯粹从技术上看可以达到最高的效率程度，在所有这些意义上，官僚制是实施统治的最合理的手段。这一特性使得官僚制在工业社会中所向披靡，官僚制组织原则上适用于不同领域。这种制度在以营利为目的的企业里，或者在慈善机构或者任何其他追随个人的思想目的或者物质目的的企事业里都同样可以应用（韦伯，1997）。

作为一种工作方式和组织方式的科学管理原理，完美契合了韦伯倡导的官僚制和古德诺倡导的政治一行政二分。泰勒所追求的是一种根本性的变革，用效率和科学取代了一时心血来潮的决定，而当通过科学管理使雇主和雇员表现出共同的利益时，这种变革甚至成为一种社会性变革（休斯，2015）。泰勒的科学管理原理追求最佳的工作方式，与韦伯的官僚制理论在行政人员的技能、无所不包的工作手册的编撰、理性的提高和非人格化等方面都具有共同特征，“最佳路径法”和系统控制的思想完全与僵化的等级制、过程和先例相契合。科学管理原理中所蕴含的标准化、科学化、计量化等思想也与威尔逊将行政作为一门独立的学科进行研究的初衷相吻合。它们都可以彼此很好地结合在一起，如果政治被限制在它的适当范围内，如果运用科学的方法，如果经济和效率是社会目标，那么，一个强有力的、有效的行政制度就可以蓬勃发展起来。正如张康之（2004）所认为的，管理型社会治理方式在追求秩序的同时也表现出对效率的推崇，而且是寄希望于效率能够为秩序提供支持。

直到20世纪中叶，人们才开始真正关注行政的公共性问题。Waldo（1955）的《公共行政学研究》一书中认为，公共性是与私人性相对的概念，并且指出公共性的理解应该从以下三个方面进行：哲学、法学和政治理论角度，人们的认识经验角度以及政府执行活动或职能的角度。概而言之，这一时期的公共性迷失在了对管理主义的追寻上，这一时期的公共行政学说，其硬核虽不能摒弃了公共性，但相对而言，是一种弱公共性（丁煌 等，2022）。

2. 生成阶段

20世纪60年代末70年代初，面对西方国家持续性的政治、经济和社会危机，传统公共行政学受到严重的挑战。对此，西方行政学者积极寻求解决之道，以明诺布鲁克会议为标志的新公共行政产生。新公共行政反对传统公共行政的片面追求效率、经济价值取向和思维模式，追求社会公平价值观，提倡民主行政、公民参与、回应性等动态、开放的组织观。

1968年，弗雷德里克森提出了社会公平理论，并将其作为公共行政的“第三支柱”，其目标是让社会公平地具有与经济和效率相同的公共行政应遵守的价值观或原则的地位。弗雷德里克森分析了传统公共行政的基本目标与原理,认为传统公共行政聚焦于对政府服务进行高效、经济、协调的管理,重点一直放在高层管理(例如城市管理)或基本辅助的员工服务(预算、组织和管理、系统分析、计划、人事、采购),其基本原理总是更好(更有效率或更经济)。在此基础上,弗雷德里克森提出了社会公平观,认为社会公平包括旨在加强这些少数人的政治权力和令人满意的经济生存条件的各种活动。为了实现社会公平,新公共行政学需要千方百计地解释沃尔多提出的论点,即行政管理者应承担起责任,把出色的管理和社会公平作为社会准则、需要完成的事情或者基本原理;应该改变那些在制度上妨碍社会公平的政策和结构;应该追求变革,试图发现某些表明有能力具有不断的灵活性或使变革成为常规的组织形式和政治形式。进一步地,弗雷德里克森认为公共行政学的焦点已趋向于从问题本身转向机构本身,即传统公共行政学强调的是发展已被设计用来处理各种社会问题的公共机构。新公共行政学试图重新把焦点转到问题方面,并且试图考虑处理制度方面问题的备选方案。

可以看出,新公共行政理论对传统公共行政学提出了强有力的批判,重新提出了基于社会公平的公共行政价值基础,建立了以民主、公平和回应性为核心的价值体系。遗憾的是,新公共行政没有成为行政理论的主导范式。"公共"这一话题没有成为行政理论的重要话题并引起学者自觉进行建构。

3. 发展阶段

20 世纪 70 年代末开始,西方国家先后进入了"经济停滞、通货膨胀"的危机之中。随着经济危机和全面福利国家所带来的财政危机,西方政府开始主动寻求改革,一场以"3E"①为中心的新公共管理运动在西方蓬勃兴起并蔓延至世界,改变了传统公共行政的研究基础、研究对象、研究范围、研究方法和实践模式,迅速成为当代公共管理理论与实践的主导范式。新公共管理改革在全世界风靡的另一个原因则是工业社会所建构的科层官僚制的不适应性。在工业时期发展起来的这种政府,由于它们怠惰的、集权化的官僚机构,专注于规则和规制,以及等级制的命令链条,已经不能再有效运转了(Osborne et al.,1992)。这需要重新理解公共管理的思考方式,即重新理解公共管理者的角色和职业本质、职能及其履行方式。

---

① 3E,是指 Economy(经济)、Efficiency(效率)和 Effectiveness(效益)。

虽然公共行政学的产生始于政府和工业界理解行政的运动(Shafritz et al.,2004),产生之始便从工业界吸收了大量的组织理论成果,但像工商企业那样运作的政府的诉求在20世纪90年代才变得更加明显。新公共管理是指包括重塑新管理主义在内的一系列思想和实践活动。它以新古典经济学思想为指导,主张在公共部门领域引入市场化机制,将大量国有企业进行私有化改革并进行大规模的经济自由化;主张政府内部引入私营部门的管理方法与手段以实现组织再造。它不只是使用新技术,也带来了一系列新的价值观,尤其是主要来源于私营部门的一套价值观,例如通过市场化工具实现效率提升(Hood,1991;斯托克,1999),建构具有企业家精神的政府,实现公共部门向"更小的政府""更多的治理"的转变。凯布林(1998)指出,新公共管理依赖市场型的安排,例如,政府组成单位之间的竞争和跨越政府边界的非营利部门和营利部门之间的竞争,依靠绩效奖惩来放宽公共机构和公共雇员低效的垄断特权。Hood(1995)认为,新公共管理远离了使公共官僚具有政治合法性的传统模式(比如程序上对行政裁量权的维护),转而偏爱相信市场、相信以经济理性主义语言来表达的私人工商业的管理方法和理念。《改革政府:企业家精神如何改革着公共部门》一书抨击了官僚主义的低效率,主张以企业家精神来改革政府,并提出了建构企业家政府的十条原则(奥斯本 et al.,2006)。这十条原则分别是:催化的政府,"掌舵"而不是"划桨";社区拥有的政府,授权而不是服务;竞争性政府,将竞争机制注入提供服务中;有使命感的政府,改变照章办事的组织;讲究效果的政府,按效果而不是按投入拨款;受顾客驱使的政府,满足顾客的需要,而不是满足官僚政治的需要;有事业心的政府,有收益而不是浪费;有预见的政府,预防而不是治疗;分权的政府,从等级制到参与和协作;以市场为导向的政府,通过市场力量进行变革。可以看出,新公共管理的这十条原则集中体现了新公共管理的管理主义取向,延续了威尔逊所开启的管理主义与宪政主义之争。尽管有学者认为,新公共管理试图将现代管理实践与经济逻辑结合起来,其仍旧保留核心公共服务价值(Keating,2001)。

新公共管理运动对管理主义的推崇和对效率的倡导,导致公共行政学丧失了其公共属性,引起了公共管理学者的质疑与批判。例如,针对新公共管理所设定的"掌舵而非划桨"的政府定位,有学者认为掌舵让公共管理者拥有更多权力掌控社会方向,公共行政官员不再关注控制官僚机构和提供服务，试图成为新型的、有偏向且日益私人化的政府的企业家，背离了民主治理的原则，发出了当我们急于掌舵时，我们是否淡忘了“谁拥有这条船?”的疑问，认为政府应该将公民置于第一位，应该将重点放在构建具有完整性和回应性的机构上(Denhardt et al. ,2000)。Terry(1998)认为，新管理主义可能会逐渐地腐蚀和破坏公平、公正、代表制和参与等民主和宪政的价值观。

然而，有学者认为，新公共管理运动推动了公共性扩散，在逻辑上开拓了政府与社会合作治理的前景(张康之 等，2011)。作为新公共管理运动主要内容的政府购买服务也意味着政府在实质上将公共权力赋予社会，推动公共性向社会扩散(张雅勤，2017)。因此，从这个意义上看，公共管理阶段的公共性发展呈现出了多层面、多主体的特点，政府不再是单一的公共性生产主体，市场等主体开始成了公共性的生产者。基于公共部门与私人部门在责任、权力、目标等方面表现出明显的差异性，两者之间呈现出公私之别这一前提，要让市场组织承担公共性生产，不仅需要个体的高尚道德情操，更需要道德的自律和他律两者共同发挥作用，通过规范意义的他律来确保公共职责的实现(库珀，2001)。在政府内部，也需要公共管理者建立公共精神，并将其内化于公共管理者个人道德品质之中，并向公民负责，以个人伦理价值观来确保其行为具有公共性生产的功能。当然，个人伦理道德仅仅属于个体层面，确保公共性生产需要上升到组织层面，在组织层面建立相应的规章制度。就宏观制度来看，亨利(2002)认为民主政治是公共性的制度基础，并对行政公共性的行为者、利益、可进入性进行分析。奥斯特罗姆(1999)认为，需要从宪法、公共利益、主权、经济市场等维度综合考虑这些要素对公共性生产的综合影响。

4. 重塑阶段

“9·11”事件之后，登哈特夫妇对这种批判声音进行综合，并在《新公共服务：服务，而不是掌舵》中重新将公共利益、民主公民权、公共服务等宪政价值观肯定为公共行政学科的规范性基础。正如登哈特夫妇在该书第四版前言中所述：本书主要有两个目的。第一，综合各种观点和声音，这些观点和声音呼唤将公共利益中的民主价值、公民权和服务重新肯定为公共行政领域的规范性基础。第二，旨在提供一个框架，从而能够组织这些围绕一定原则而形成的观念，赋予它们一个一直以来所缺少的名称、外壳和表达方式。通过阐述七个核心原则(服务公民而非顾客;追求公共利益;重视公民权和公共服务胜过企业家精神;战略地想、民主地行动;责任并不简单;服务而非掌舵;重视人而不仅仅是生产率),作者力图实现促进公共服务的尊严与价值和将民主、公民权、公共利益等价值重新肯定为公共行政的卓越价值的目标。登哈特夫妇认为,新公共服务是关于公共行政在治理系统中所扮演角色的一系列观念,并进一步认为治理系统将公共服务、民主治理和公民参与置于核心位置。进一步地,登哈特夫妇认为,在民主社会中,对民主价值的关切应该置于我们思考治理体系的首位。诸如效率和生产率的价值不应该失去,但是应该被置于民主、社区、公共利益的大环境中。新公共服务显然与这种民主价值相吻合,并提供了一个分析框架,通过这个分析框架,包括传统公共行政和新公共管理核心要素在内的其他价值和技术都可以共存并发挥作用(Denhardt et al. ,2015)。因此,新公共服务理论是对新公共管理理论的针对性纠正,本质上是对传统公共行政和新公共管理理论的一种扬弃。新公共服务理论试图吸收传统公共行政理论的合理内容,尤其是在承认新公共管理理论对于改进当代公共管理实践所具有的重要价值并摒弃新公共管理理论特别是企业家政府理论的固有缺陷的基础上,提出和建立一种更加关注民主价值和公共利益、更加适合于现代公民社会发展和公共管理实践需要的新的理论选择(丁煌,2004)。新公共服务理论试图从根本上来确立宪政价值的中心位置。新公共服务并不是一种新的官僚技术,而是对我们是谁、我们为什么服务他人的界定。新公共服务是价值的根本改造。

然而,尽管新公共服务理论是针对新公共管理理论实践的回应,以七条原则为核心的内容体系也在一定程度上包含了如何实现新公共服务理论预设的现实实践启示,但新公共服务理论更多的是从理论上重新确立了宪政主义价值的核心地位,其实践关切性(对网络治理/公共治理实践的回应)有待强化,具体实现路径有待进一步清晰。正如作者在文中所体现出来的思路,试图通过将讨论建立在历史和公共行政思想和实践发展的基础上的方式来扩展这种讨论。如何实现?作者寄希望于作为个体的道德行为,寄希望于高度公民权对个体行为的激励作用,缺乏制度性安排安排。例如,作者认为应该通过改变我们对工作的感觉,改变我们从事日常工作的方式,从内心找到赞誉、承认和促进这些理念的声音,作为公民和社区成员,我们能够做与生俱来的事情——我们能够按照我们的归属愿望与他人相结合的愿望来行事。再一次地，这还要从我们如何思考我们在民主治理中的角色开始。随着网络治理时代的来临，仅仅依靠公民权、公共服务精神而缺乏制度性安排和支撑条件难以推动宪政主义价值在其与管理主义价值较量中取得稳固的优势。

此外，张康之(2006)认为，登哈特夫妇所主张的以公民权为核心的积极参与，就其参与性质来看，是从属于中心—边缘结构的，在这种结构中去开展参与活动，只能是对这个中心—边缘结构的强化。然而，从理论上说，只要存在中心—边缘结构的地方，就不可能出现平等和自由的合作，至多也只会生成一种协作的状况。所以，政府倾向于强化中心—边缘结构的参与是不可能有利于合作关系生成的。因而，此种参与不是在政府与社会的合作治理意义上去思考变革现行社会治理模式的方案(张康之，2006)，也难以适应后工业化社会的社会治理模式。后工业化社会的社会治理模式是一种新型的合作治理模式。这种合作的社会治理模式在根本性质上不是控制导向的治理，而是政府与民间、公共部门与私人部门之间的合作与互动，是治理主体平等前提下的共治(张康之，2006)。

与此同时，20 世纪 90 年代以来，现代社会主体的多元化和主体利益的碎片化使得公共服务具有高度复杂性和高度不确定性，促使学者不仅仅将眼光聚焦于组织内部关系，也开始从组织外部寻求解决政府公共性问题的答案。治理问题成为国际社会尤其是公共管理界研究的热点。“治理”一词最早被用于世界银行概括非洲国家发展过程中所面临的问题。全球治理委员会将治理界定为或公或私的个人和机构管理共同事务的诸多方式的综合。它是使相互冲突或不同利益得以调和并采取联合行动的持续过程(陈振明，2017)。奥斯本(2016)在《新公共治理?：公共治理理论和实践方面的新观点》中指出，新公共治理在 21 世纪已然成为公共服务管理的重要理论构想和实践指南，并对新公共治理的基本问题、结构问题、可持续问题、价值问题、关系技能问题、责任问题和评估问题等进行论述。时至今日，治理已经取得了其核心内涵，即多元参与、平等合作、权力依赖与分享(翟军亮，2016)。在多元参与方面，治理强调主体多元化，这些主体可能来自政府，也可能来自非政府的行为者，他们共同形成了多中心的格局(Ansell et al.，2008)。治理是跨部门、跨层级和跨公共、私人、公民团体的人们为了实现只有多主体合作才能实现的公共目标而建构的决策、政策过程和结构(Emerson et al.,2012)。在平等合作方面,它强调政府与社会组织、市场组织之间的合作(Rosenau et al.,1992),主体之间的权力是相互的、平等的,因而其机制是有别于传统的命令—等级关系,而偏向于网络治理结构(斯托克,2000)。在权力依赖与分享方面,由于多元主体间呈现出的复杂关系网络(Goss,2001)成了权力的载体,多元组织(部门)之间的信息、资源、活动、能力呈现出共享状态(Bryson et al.,2006)。因此,多元主体在权力方面的分享与依赖关系实际上是一种伙伴关系(Stoker,2000)。

如何有效应对治理实践的新发展所带来的新挑战?如何审视协同治理给公共性生产所带来的变革与挑战?实践工作者和学者需要一个全新的理论框架体系。他们需要一个替代范式的愿景,一个将他们的新实践置于其中的总体框架。如果没有针对网络治理的更一般的公共行政理论,公共行政人员和其他行为者就无法描述公共服务和项目管理中新兴系统的性质,更不用说评估这些变化的优势和劣势了(Stoker,2006)。在此背景下,公共价值管理范式应运而生。穆尔(2016)在《创造公共价值:政府战略管理》中提出了公共价值理念,并将公共价值理念引入公共管理领域,提出战略三角模式(公共价值—支持与合法性—组织安排与运作),认为政府的工作在于如何创造性地执行工作并创造价值。需要说明的是,这一理念脱胎于新自由主义实践中。之后,Stoker(2006)提出了基于网络治理的公共价值管理范式,进一步推进了新公共服务所开启的多元价值整合之旅,公共性在公共治理中的地位也得到了进一步升高。Stoker(2006)认为,公共价值管理理论确实提供了一个新的范式和一种不同的改革叙事。公共价值管理理论的长处在于重新界定了如何应对效率、责任和公平的挑战,指向了一种不依赖于规则和激励而推动公共服务改革的动机力量的能力。较之传统公共行政和新公共管理,公共价值管理理论建立在对人性更全面理解的基础之上。公共价值管理理论认为,人们受到参与网络和伙伴关系的激励,即受到在互相尊敬和共同学习背景下形成的与他人关系的激励。在这一阶段,公共价值因其整合了公共性和价值性而受到广泛关注。在公共行政与公共政策中,再没有比公共价值更重要的话题了(Jørgensen et al., 2007)。

5. 新近阶段

由于公私差异的争议及其理论建构与实证验证的缺乏,加之现实意义上公共与私人关系的模糊性存在,即"公共性难题"(Bozeman et al. ,1994)的存在,促使一些学者试图寻找其他研究方法以更好地诠释公共性的内涵,他们不再从单纯意义上研究公共性的内涵,而是从"公共性应该是什么"转向"如何实现与管理公共性"(Moulton,2009)。这些学者基于公共性研究的丰富历史资源,尝试从当前现实社会问题出发解释社会中的公共性内涵所在,将公共性划分为核心公共性和维度公共性。

核心公共性基于公共与私人二元区分的所有权基础之上,绝对化区分公私之间的差别。就法律层面而言,公共机构是由公共当局所管理的机构,而私人机构是由私法范围内的自然人或法人所管理的机构。在此意义上,政府等为代表的国家机构组织成为公共性的代表与表现形式。1887 年,威尔逊的《行政学研究》开启了政府干预社会生活的进程——西方主要资本主义国家由自由资本主义向垄断资本主义过渡(丁煌,2009)。在古德诺的政治与行政相分离、泰勒的科学管理运动与韦伯的官僚体制模式的共同作用下,理性与效率代替公共价值成为政府的目标追求,社会范围内形成了一种立法机构和官僚机构是社会自我行动的唯一场所的错误观念。然而,政府等官僚机构并不是公共性的唯一表现形式,非营利组织、会员协会、商业公司、慈善组织、基金会、志愿者等也是公共性的表现形式(Goodsell,2017)。另外,核心公共性忽视了其外在政治与经济环境,难以片面地追求自身独立性。沃尔多(2017)指出,将民主与效率画上等号、政治与行政分立等看法太过天真。

维度公共性是公共性理论受到管理主义和公共价值理论的影响而产生的。20 世纪 80 年代西方垄断资本主义形成、财政危机和福利危机出现,政府已有发展模式难以有效解决问题,这促使以"3E"为中心的新公共管理运动在西方蓬勃兴起。波兹曼针对"公共性难题",在核心公共性的基础之上进一步提出维度公共性,将其划分为所有权、资金来源和控制三个维度,并且这三个维度并不是绝对地置于公私两端,而是连续的。同时,波兹曼认为维度公共性的核心概念在于公共价值,重点在于控制权威而非所有权所指涉的核心组织形式。这就使得通过组织的政治权威与经济权威之间的关系来理解组织机构与各种活动的公共性这一维度的价值分析成为一种重要分析方式;这也进一步确认了所有的组织,无论是私人组织还是公共组织,都是公开的,并因其受到政府监管的不同而呈现出公共性程度的差异

(Bozeman,2013)。因而,公共性问题超越个体与群体之间的界限,并不局限于来自政府的影响,也包括外部和内部影响,这两种影响既体现了公共价值,又可能限制一个组织提供公共价值(Antonsen et al.,1997)。这就需要思考公共领域边缘化主题所涉的个体的公平正义(Tebble,2011)与公共性的潜在约束力(Merritt et al.,2018)。

与国外公共性理论发展轨迹类似,国内关于公共性的研究也是始于哲学领域,逐渐向公共管理学发展。国内研究一方面受到马克思主义哲学的历史叙事传统的影响,另一方面受到西方公共性问题研究的影响,形成了较为丰富的具有中国观点和中国话语的理论成果。郭湛等(2004)认为,公私之别与人类社会的发展相伴相生,而公私对立直至人类进入文明社会之后政府公共部门化和公益组织的出现才产生,相应的是人们对公共性问题的关注,并指出公共性问题或困境是由公共活动本身所造成的,因而必须由公共活动领域本身进行改革或转型予以解决。在公共管理领域,褚尔康(2020)认为,从集体意向性理论出发,围绕公共性形成机理开展本体论、方法论、价值论研究,是公共管理理论研究新的探索,必须将中国公共管理理论的"公共性"集体意向性理论的建构与集体主义密切联系在一起。丁煌等(2022)认为,公共性在公共行政学百余年的发展历程中呈现出钟摆运动现象;作为公共行政学的"根本信念",公共性应始终加以坚持和增进。张康之(2005)较为系统地探讨了行政公共性,认为行政公共性是一个历史生成的概念,决定着政府的目标与行为取向;并且通过进一步对全球化与后工业化的不确定性与高度复杂性背景的确认,建构了为了人的共生共在的合作行动模式(张康之,2016)。这就将关于公共管理公共性问题的讨论推向深入、上升到人类发展的高度。王乐夫等(2003)认为,公共管理公共性的内涵可以从多个角度阐释,主要体现在伦理价值、公共权力的运用以及公共部门的运作过程、价值取向和理念表达等方面。这明确了公共管理的公共性所在。周志忍(2000)对公共性与行政效率两者进行比较分析,认为应超越管理学意义上的效率范式,重点关注基于其公共特性关注效率的成因及其机制以适应公共管理的现代化发展。王敏等(2020)则进一步分析了公共性与社会现代化治理的内在契合,以寻求化解社会现代化治理困境的方式方法,进而建构了共建共治共享的社会治理格局。

综上所述,公共性在不同社会历史阶段具有不同的使用内涵,其概念阐释主要分为实然与应然两个层面。更多学者是从应然层面上论述，进行了政治哲学的理想型公共性的建构。尽管受学者们思想倾向影响未能形成较为普遍适用的概念，但是从中我们可以得出其共有属性，即个体与集体之间的关系。一方面，强调自身与他者的共在，认为公共性是指，自我在确证自己的过程中所体现出的为他的属性(郭湛，2009)。在这一自我确证过程中，成员所能共同享受某种利益，因而共同承担相应义务的制度性质(李明伍，1997)；另一方面，强调公共性的社会属性即公共性是一种基于正义和公正、为达到公共善而努力行动的价值体系(田毅鹏，2005)。实然层面的公共性则从现实的实际表现印证公共性的应然内涵，使当前的行为更加符合公共性的应然意义，把公共管理看作公共性本质与功能目标本质的统一。公共性是指，通过加强和完善公共部门自身的责任机制来建立和发展社会公共责任机制，通过公共部门自身切实履行义务来让公众履行义务，通过维护与实现公共利益来最终实现政治统治利益(蔡立辉，2003)。因此，公共性的内涵较为复杂，不仅包括政府作为公共权力所承担的公共性，也包括其他领域内部与其之间互动所产生的公共性。为进一步适应研究需要，本书所使用的公共性内涵特指现代层面的公共性，是一种价值体系。在这一体系中，政府、社会、公众等各主体共同存在，通过广泛参与、形成社会公共责任与公共义务机制，采取集体行动，实现并创造公共利益，具体表现在公共领域、公共物品、公共资源、公共利益、公共参与、公共规则、公共精神等方面。

二、农村公共性理论

农村公共性是农村社会的本质属性。作为本书的研究核心，农村公共性是作为价值体系的公共性在农村这一场域的具体表现，其概念的界定一方面需要立足于我国农村场域的实际情境，另一方面也需要将公共性的基本理论与农村这一场域进行结合才能揭示出其本质特征。首先，公共性是相对于“私人性”而存在的，其核心是人的存在方式，集中表现为“个体”与“集体”之间的关系。农村公共性是相对于农民个体与农户来说的，是农民在农村场域中共同生活所表现出来的属性特征，能够动员社会成员参与公共事务的组织性力量、凝聚性权力、权威性认同(张良，2014)。农民作为个体有着区别于其他农民个体的地位、能力与作用，具有自身的理性特征；农村作为集体而存在，由所有农民个体组成，具有既超越农民个体又有别于其他系统的组织目标和共同利益。其次，农村公共性作为公共性的具体表现形式，在社会发展中丰富了公共性内涵并呈现出一定的变迁特征。传统农村与现代农村具有不同的公共性表述。传统社会在血缘和地缘基础之上运用风俗、习惯、惯例等非正式性制度的伦理规则，规范特定区域的社会秩序稳定与和谐，以满足日常生活需要，即滕尼斯所谓的共同生活意义上的“共同体”；传统意义上的“公”常常与“公家”和“公门”等政府活动的相关场所联系在一起，为公共权力正当化的表述，更多地强调国家政治层面的公共性（田毅鹏，2005），其本质是非反思性和非批判性的（晏辉，2008）。只是“共同体”意义上的农村社会，并不能称之为真正意义上的“公共性”。现代农村则在传统社会向现代社会转型的过程中，社会多元主体超越原有的血缘和地缘的界限，运用理性与正式制度规则，追求社会共同利益与公共价值的过程与行为。在这一过程中，农村公共性的参与建构者由政府等官僚机构单一主体向政府、市场与社会多元主体过渡，农村公共性的建构动力需求在社会发展中不断激发，农村公共性的建构过程逐渐复杂化与多样化，并呈现出多形态的农村公共性。

农村公共性是一个历史的、生成性的范畴，当前并没有对农村公共性这一概念形成明确的界定，更多的是围绕农村公共性在现实的具体展现进行阐释。农村公共性的实现不是激发农民个体层面的作用以增强农村公共性，也不是由乡镇基层政府组织或其他社会组织的集体作用促成公共性，而是由二者相互平衡、相互合作、共同作用来确保公共性持续发展。

在农村公共性历时演进方面，依循翟军亮等（2019）的研究，农村公共性生产演进历程为：① 人民公社时期的组织（经济组织、综合组织）整合型模式。前期呈现出公私兼容状态，后期呈现出公悬浮于私状态（翟军亮 等，2019）。② 农地“两权”分置时期的服务整合型模式。农村公共性呈现出私扩公缩状态，面临公共性消解（郑庆杰，2019）和空心化（芦恒，2015）问题，需要重构。③ 农地“三权”分置时期的价值整合型模式。乡村治理进入实质性公共治理时期，农村公共性的建构应当呈现出市场主体、政府主体和社会主体协同建构的态势（翟军亮 等，2019；翟军亮 等，2021）。遗憾的是，当前对基层组织增进新型农村社区公共性发展的过程分析尚不充分（郑姗姗 等，2020）。

进入新时代，国家不断强化农村基层党组织政治功能和组织功能。党组织在乡村治理效能方面发挥着越来越重要的作用。既有理论表明，政党在现代国家的政治秩序建构和社会团结生成方面扮演着关键作用。中国共产党成立以来的历史表明，建构和实践以人民性为核心内容的公共性是党取得重大成就的关键（杨肇中，2021；桑明旭，2021），是中国之治的重要力量（张雅勤，2020）。农民组织化是农村公共性的天然载体（翟军亮 等，2019），农村基层党组织是引领乡村公共性发展的最有效力量（宁娜，2021）。“嵌入式”党建通过向治理场域注入公共性来推动乡村治理公共性的再造，推动基于公共性的社会整合（易卓，2020；陈秀红，2021）。叶敏（2018）认为，党建引领的制度为基层公共性有序生长提供了重要支持。

总体来看，通过国内外理论研究梳理可以发现，关于公共性的研究方向更加多元，研究内涵也在发展演变中不断丰富。一方面，以哲学为元学科的公共性研究为其他学科公共性的概念、特征以及公私之分奠定了理论基础。另一方面，随着社会的发展，公共性逐渐超出其价值层面的研究范围与研究方向，与社会现实问题联系日趋紧密，国内外的学者开始注重多元主体研究的视角，强调其在公共性上的建构作用。然而，国外学者对于农村公共性层面的研究较少。国内学者受国家整体发展的影响，研究问题意识趋向关注农村公共性。随着乡村振兴和农业农村现代化的深入推进，农村公共性研究正从宏观层面上的农村公共性建构转变到中观、微观层面上的多元主体协同，特别是对农民这一主体地位建构的公共性方面的研究。这些研究丰富了农村公共性理论的内涵，为农村公共性的进一步研究指明了方向。同时，当前农村公共性的研究还需要对农村多元主体的作用进行进一步分析，重视其对农村公共性的主动建构作用。

第三节　分析框架的建构

以农村基本经济制度为视角审视我国农业农村现代化的变迁，可以发现农民组织化与农村公共性的交互性建构表征，能够更好地理解与把握农业农村现代化的发展以更好地助力乡村振兴。公共性是一种存在状态与价值理念，具有作为本体论意义上的人类生活的前提条件和自我意识与社会学意义上的人类活动领域的内部区分两个层次。人们不同的存在状态及其存在状态内在层次的表现程度不同，表现出公私活动之间的相对性与模糊性，呈现出不同的公共性状态，并通过人们活动的结合方式及其组织状态体现出来。因而，农民组织化与农村公共性之间的内在关联与交互性建构成了理解农业农村治理共同体的钥匙，成了理解农业农村现代化建设的重要途径。

当前，中国公共性形态发生了从以往由政府或者说国家单一主体建构公共性的一元公共性形态逐渐向多元主体共同建构公共性的新型多元公共性形态的转型(唐文玉，2015b)。中国公共性形态的结构转变，使得现代性的社会组织登上了历史舞台，并日益扮演着开拓公共性的重要角色(唐文玉，2015a)。在农村场域，现代性组织在蓬勃发展，在解构传统农村生活的同时也在形塑着新型农村公共生活，拓展着农村公共空间，培育着农村公共性。这为研究农民组织化与农村公共性的逻辑关联性提供了现实条件和实践基础。

一、农民组织化与农村公共性的内在关联

农民组织化与农村公共性二者之间具有内在的关联性，共同反映着农业农村现代化的现状与未来发展趋向。

(一) 组织化层面的关联

就组织化而言，组织是人类为了满足生存需求构建的必然形式。人类最基本的需求是衣食住行这一基本生存需求，刀耕火种时期生存困境的解决使人们与他人结成共同劳动成为可能。然而，共同劳动并不意味着仅仅满足其基本的目标，共同劳动作为理性人选择必然在原有的生产资料的基础之上，主动适应不断变化的环境，调整相应的对策，并主动进行创新以创造新的价值。同样，农民组织形式也伴随人类社会的发展演进而不断变化，从以血缘、地缘关系为特征的社会初级群体形式到近现代社会以血缘、地缘与业缘等多种形式结合而形成的现代社会组织形式，其天然地承担着农村生存与发展需求满足的功能。因而，农民组织成为农村公共性的重要载体。

农民组织天然地是农村公共性的重要载体，农民组织化过程天然地蕴含了农村公共性建构过程。从组织化角度看，组织在本质上是有意识地协调两个以上的人的活动或力量的一个体系(巴纳德，1997)。组织化是个体

跳出自我场域进入组织场域的过程。农民组织化过程是农民从私人领域走向公共领域，获得公共性的过程，因而也是自我在确认自己的过程中所体现的“为他”的属性（张雅勤，2013）的过程。农民从作为自我的个体转变为作为集体的组织。这种转变建构与彰显出农村公共性的内在价值，使其成为推动社会发展的重要动力，这就决定了其内在蕴涵着农村公共性价值的建构。

（二）公共性层面的关联

就公共性而言，公共性意味着多元主体的共在与共生，即作为存在的自我必然与作为存在的他者共同存在、相互作用，也正是在自我与他者共同作用的过程中结合成某种特定的组织形式并进一步建构其公共性。公共性表征人的共在性，共在性的体现是个体加入群体或者汇聚成为组织体，组织体成为公共性赖以存在的实体形式。组织体成为社会运转的基础和个体参与社会活动的共同平台，体现公共利益、公共空间，个体认同某个组织体，获得群体身份过程正是公共性建构的过程和体现（陈仕平 等，2014）。同样需要注意的是，自我与他者的共在，暗含个体与其构成的集体之间的差异性与异质性，显示出人的活动的内在双重性即人的活动的公共性与私人性，并将此看作区分人的活动是否具有公共性的标准。人的活动过程的组织形式与公私区分相结合成为公共性在现实社会具体情境中的简便操作。通常意义上，人们将公共性看作国家或政府等拥有公共权威的特定机构所提供的专有价值。然而，公共性与私人性在现实社会中并不是二元论意义上的绝对划分。公共性是多个行动者共同创造的；公共性是受政治权威与经济权威影响的一个连续体，并不全然在国家或政府所代表的公共官僚机构提供的公共产品或公共服务的过程中所建构，私人组织或社会组织在创造自身价值的过程中同样受到政治权威与经济权威的影响而建构公共性。因而，公共性的创造并不仅仅限于国家或政府等官僚机构，还包括其他社会行为主体。公共性的创造可划分为共有领域和公共领域两个层面（Hodgkinson et al.，2017）。在共有领域层面，公共性是指受到公共政策影响的、各种社会服务组织与公共服务人员的行为活动所创造或增加的价值，是概念的具体操作化。在公共领域层面，公共性则是由民主政体、公民身份与治理所塑造的公共利益，强调的是宏观价值层面的公共性。因而，农村作为公共性价值观念的作用场域，在国家公共服务政策与管理模式的公共性的作用下，借助农民组织化形式，产生不同的农村公共性的作用因素（Moulton et al.，2011）。这一过程中，增加了农民个体层面的行为方式与选择结果的满意度，激发农村公共性的内生动力，进而促进农业农村现代化实现良性的、有效的、可持续性的发展。

（三）行为是关联传导机制

行为是农民组织化与农村公共性之间的逻辑关联传导机制。组织化过程可以被视为组织行为与个体行为不断调适的过程，与组织化相伴随的公共性建构过程也是主体间行为不断调适的过程。任何组织的最初形成都是为了实现一定的目的。如果不对从事不同任务的许多个体的工作进行协调，目的是不可能实现的。这意味着组织的每一个成员都必须愿意调整自己的行为以与其他成员的行为相互协调（唐斯，2006）。两者行为的一致意味着农民组织化、农村公共性供需结构均衡（供给的组织化与农民需求的组织化、供给的公共性与农民需求的公共性）。若不一致，则意味着农民组织化、农村公共性供需结构失衡。供需结构均衡，则农民组织化与农村公共性建构之间形成双向良性循环，农民组织化培育了农村公共性，农村公共性又为农民组织化的持续发展提供了持续强劲动力。供需结构失衡，则农民组织化与农村公共性之间呈现出相互瓦解的关系，最终导致农民组织解体和农村公共性存量下降。在一定程度上，农民组织化与农村公共性之间的供需结构状态决定了农业农村现代化之路的诱致型变迁。需要说明的是，这种供需结构是动态变化的，即在同一农民组织化过程的不同阶段也可能不同。这种供需结构变化贯穿于农民组织化与农村公共性建构的全过程。

二、农民组织化与农村公共性的交互性建构核心维度

农民组织化与农村公共性之间具有内在关联。作为价值理念的农村公共性的实现与创造必然借助农民组织化这一载体，同时农民组织化内在地包含农村公共性的价值理念。因而，农民组织化与农村公共性之间的关系基于自由、平等、公正的交互性建构体现出来。现代农村的发展是一个多元治理的社会，治理主体并非只有乡镇政府组织这一单一主体，市

场组织、村集体经济组织、农村社会组织以及农民个体也包含其中。另外，在不同的治理活动中，治理主体由于各主体之间的需求与目标之间的差异性，产生不同的治理动力、过程与结果，使得农民组织化与农村公共性具有不同的存在形态。同时，各主体依靠自身资源，积极参与社会经济领域的活动，形成双向甚至多向度的联系以实现自身目标，这也使得农民组织化与农村公共性的交互性建构具有不同的运作机制。因而，农民组织化与农村公共性的交互性建构涉及多个层面，其核心维度为主体、动力、过程以及结果（翟军亮 等，2019）。这几个核心维度相互作用，形成农民组织化与农村公共性二者交互性建构的机制，并促进农村实现可持续性、创造性治理与发展。

（一）农民组织化与农村公共性的交互性建构主体

就交互性建构主体而言，主要是在农民组织化与农村公共性的交互性建构这一过程中通过对自身资源与能力进行整合、产生一定作用的组织机构、群体与个人。随着社会利益的分化与科学技术的推进，农村的发展决策需要更多专业化的信息、知识与经验以及各类社会人员的参与，因而对各个主体的权威与资源的整合功能提出更高的要求。从农村发展的历史阶段来看，这并不是任何一个组织单独就能完成的，需要社会多元主体共同参与农村公共事务，承担农村发展责任与义务，需要既代表“公”利、又代表“私”利的组织和个人共同参与（王名 等，2014）。因此，农民组织化与农村公共性的交互性建构主体是多元的、动态变化的，其主要由基层政府、村民委员会和农村基层党委会等组织和以新型农业经营组织为主的农民组织、社会公共服务组织以及广大农民个体等组成。

结合我国农村基本经济制度来看，农民组织化与农村公共性的交互性建构主体在农村的发展变迁这一过程中也呈现出动态的变化，在不同的农村发展阶段具有不同的表现形式。人民公社前期，经过土地改革运动，农民成为土地的主人，提高了农民对农业的生产积极性；农民在国家的组织动员下积极参与农村互助组、初级合作社，这一过程中，农民的热情达到前所未有的高涨，农民与国家政府机构共同致力于社会发展，农村公共性也因此获得张扬。人民公社后期，1958 年人民公社的建立使得国家强化了对农村社会的管理，通过人民公社组织，国家运用指令性计划和行政手段对农民进行政治、经济与社会的全面管理。这一过程中，政府作为农村社会单一的治理主体，政治的计划性代替了农民的主体性，弱化了农村公共服务者的角色，因而农村公共性表现为国家层面的政治公共性。

两权分置时期，家庭联产承包责任制与村民自治组织的实施促使农民的个体与民主意识增强，为农民参与和建构农民主体性提供制度和组织平台（徐勇，2006），具有一定的农村治理的权力。“农民是否有能力参与”成了农民能够有效参与农村治理的一大关键问题。社会主义市场经济的建立，农民主动参与市场活动的同时使得农民的“个体化”趋向加强。然而，这一阶段国家行政管理职能从农村抽离，村民自治组织只是乡镇政府的代理人并未有效发挥组织农民的功能，因而农业农村现代化中呈现“去组织化”状态即国家与市场占据主导地位、农民主体缺失并且其公共性也面临消解的困境。三权分置时期，土地承包权与经营权分离，农民的土地承包权所产生的经济效益得以确认，使得农民以更积极的姿态投身到自身发展中。同时，国家政府管理模式向服务型政府转变，调整农村发展政策，主张城乡融合发展，国家与社会各组织积极投身于农村的发展。这一阶段的农村治理呈现多元主体治理的状况，农民组织化程度得以加强并且农村公共性也得以重构。

综上所述，依据公共治理演进中的主体分类，农民组织化的建构主体可以分为政府主体、市场主体、社会主体和多元主体。政府主体往往主要依靠行政机制来进行建构。例如，政府组织作为公共权力的象征具有较强的组织能力和凝聚力，有利于增加农民对国家、社会、集体的认同感，呈现出较强的公共性。市场主体主要依靠市场机制来进行建构。例如，以营利为目的的市场组织与作为个体的农民也在普遍意义上创造了公共价值，促进公共利益的增长。建构主体的不同决定了组织化进程中个体与组织间联结方式的不同，决定着公共性或集体性的状态结构，塑造着不同形态的公共性。若以强弱来刻画公共性谱系，则政府主体所建构的公共性往往为强公共性，因为政府往往以国家强制力作为后盾。市场主体所建构的公共性往往是弱公共性，因为尽管市场能够在普遍意义上促进公共利益，但促进公共利益并非其主要目标，且缺乏强制力。在公共性的强弱谱系中，均衡公共性意味着在公与私、强与弱公共性之间构筑平衡关系，是一种比较理想的公共性。当然，公共性的强弱并非单纯与建构主体相关，也与建构过程和结果等要素有关。

（二）农民组织化与农村公共性的交互性建构动力

农民组织化与农村公共性的交互性建构动力是农村发展过程中获得国家与社会各个层面所提供的推动力量，内嵌于国家治理现代化进程中的农村经济政治社会发展，回答的是农民组织化与农村公共性建构进程因何开启并何以持续的问题。按照交互性建构的动力来源，可以划分为外部动力与内部动力。外部动力是农村发展获得来自农村外部的推动力量，其力量的强弱往往伴随着国家现代化发展过程中对农村发展的需求（例如，社会主义市场经济的建立与发展、国家的政策安排与宏观战略设计）而变化，主要是自上而下式的高位推动。内部动力则相反，是其自身对农村发展的推动力量即农村本身的需求，主要是指农村发展中农民个体对政府、市场等层面的诉求，常常是自下而上式的被动变化。因而，这两个动力机制对农村的发展产生不一样的影响。

建构动力往往因建构主体的不同而不同。例如，新中国成立初期的农民组织化与当今的农民组织化因国家治理历史阶段的不同而不同，公共性建构也因此不同。当建构主体为政府主体时，农民组织化动力往往为农民增收、经济发展、农村发展等宏观规划。当建构主体为市场主体时，农民组织化动力往往为促进企业利润的增长。例如，“公司＋农户”组织化方式，更多的是通过将农户纳入产业链来提升自身利润。当建构主体为农民时，农民组织化动力往往源于自身的内在经济社会需求。例如，农民自发组建的红白理事会等社会组织。当农民组织完成建构时，动力往往转换为使组织得以持续存在并发挥既定功能的动力。这种动力往往来源于组织建构前期所培育的公共性。

农民组织化与农村公共性的交互性建构这两个动力并不是力量相当。在不同的农村发展阶段彼此之间的作用力量并不相同，总是会出现有一方的力量占据上风并成为农村发展的主导力量；如若两者的力量出现冲突并难以调和，则会促使社会变革，重新形成有利于社会发展的动力机制。例如，人民公社后期国家忽视了农民自身发展动力，促使农村以土地制度为起始进行改革，形成社会发展新的动力机制。当前以高质量发展作为公共利益的基本表现，是政府的治理目标，表现了政府、市场与社会等相互作用的合作动力，这也意味着农村治理是在政府、市场与社会等多个主体中进行的。因此，若要农民组织化与农村公共性的交互性建构这两个动力来源形成合力、共同推进农村发展，只有交互性建构的内部动力与外部动力一致，并且交互性建构内部动力的政府、市场与农民各行为主体的行动一致，才能促成二者之间的交互性建构。若是国家对农村发展的需求与农村本身的需求不一致，容易导致整体与部分之间的利益失调，特别是当整体的合力大于部分时，容易牺牲部分的利益以实现整体的利益。同样，农村本身的需求也需要协调政府、市场与农民个体之间的关系，以最大可能形成农村发展的推动力。

（三）农民组织化与农村公共性的交互性建构过程

农民组织化与农村公共性的交互性建构实现过程主要体现在农民组织化与农村公共性建构过程中主体之间的调适。就发展趋势而言，它是一个阶段性演进与层次性提升这两个方面双重叠加的过程，具有自身的阶段性演进特点。农村治理模式从管理阶段向服务阶段渐进转型，农民组织化与农村公共性的交互性建构实现程度也呈现出高低不同，体现出层次性。简而言之，农民组织化与农村公共性的交互性建构的过程就是一个由低层次到高层次的提升过程。就建构方向而言，农民组织化与农村公共性的建构过程可以分为纵向联结互动与横向多元合作。

纵向联结互动主要是指，农民组织化与农村公共性的交互性建构过程中，中央政府、地方政府、基层政府与农村治理之间的双向沟通过程，既包含自上而下的层级沟通机制又包含自下而上的反馈机制。换言之，国家层面通过一定的方式自上而下地将相关要求层层传递至农村基层社会，农村基层社会进行具体落实并由其将实施过程的问题与最终成果自下而上地进行反馈表达。横向多元合作主要是指农民组织化与农村公共性的交互性建构的利益相关者通过运用自身的资源参与其中，实现多元主体共存共在、协同发展。农民组织化与农村公共性的交互性建构过程中纵向联结互动与横向多元合作的关键要素在于纵向联结与横向合作的机制。该机制主要涉及两个方面：一是政府与农村社会之间的关系，其核心在于农村的发展是否与国家整体社会的发展一致并能够享受国家发展成果，旨在关涉农村社会发展外部动力的长久性与农村公共性内涵的充实；

二是农村社会内部各组织与农民个体之间的关系，其核心在于组织与农民个体是否实现有效联结，关涉农村社会自身发展的可持续性问题与公共性内涵的源泉问题。因而，只有整合与协调好国家与农村社会、农村社会组织与农民个体之间的关系，才能实现农民组织化有序进行、农村公共性持续增长。

就农民组织化与农村公共性的交互性建构要素而言，主要体现为联结机制、行为、规则等方面。组织所提供的公共性取决于组织主体的行动及其现实价值(夏循祥，2014)。例如，家庭承包经营为基础、统分结合的双层经营体制的实施，较之人民公社来说，实质上是去组织化的过程，由于在实践中过度强调“分”而忽略“统”以及市场经济在农村的深入发展导致农业生产成为农民以家庭为单位的“私人领域”内的“私人事务”。例如，农民种什么、种多少、什么时候种等农业生产决策完全是由农民自主决定，最终导致农村成为“原子化社会”，农村公共性存量急剧下降。反过来，农村公共性质量和结构的变化也会影响农民组织化发展质量。例如，人民公社之所以解体乃是由于当时农村公共性结构与供需状态的变化。

(四)农民组织化与农村公共性的交互性建构结果

农民组织化与农村公共性的交互性建构结果为主体、动力和过程的综合作用效应。从发展趋势看，农民组织化与农村公共性的交互性建构是阶段性演进与层次性的过程，这一方面在其结果上也有所显示。从政府治理的角色来看，从斯密的“守夜人”角色到凯恩斯的“全能型政府”的全面干预，再到现在的“有效市场和有为政府”，这一演变过程深刻展现在农民组织化与农村公共性的交互性建构之中。另一方面农民组织化与农村公共性之间如何实现良好的建构并促进农村治理是多种因素综合作用的结果需要予以具体分析。政府、市场与社会等多元主体在内外部动力的推动下运用自身资源与社会资本对农村所产生的影响，既包含积极的促进作用，也可能产生意料不到的阻碍作用。

农民组织化与农村公共性的交互性建构不仅仅是单纯意义上的政府、市场、社会以及农民个体之间的合作，而是多元主体之间在彼此竞争与冲突的情况下，利用对话与协商、妥协与合作达成共识进而采取集体性行动的过程。在这一过程中，能够最大限度地将农民组织起来，提高农村公共性，以化解农民原子化的弊端、实现农村自身的发展价值。只有农民组织化过程中的多元主体行为一致、内外动力的作用点一致，才能使得农民组织化的目标得以实现并促进农村公共性的增加；而农村公共性的增加反过来则会强化农民组织化的过程与结果，使两者的行为目标日趋一致。因而，农民组织化与农村公共性的交互性建构结果实质在于个体与集体之间的张力，表面上集中体现为农民组织中个体行为与组织行为的契合性，内在地集中体现为公私关系，即作为农民个体性的“私”与农民组织的“公”的关系。这种公私关系恰恰构成了农村公共性的核心。

农民组织化与农村公共性的交互性建构过程包含两个方面：一是农民个体性的“私”是否有效整合进入农村公共性之中并发挥自身作用；二是农民个体参与农民组织的过程中能否享受农村治理的红利。公私关系的不同决定了农民组织化能否持续发展，决定了农村公共性能否为农民组织化提供持续发展动力。实践中，这种公私关系主要体现为应然目标与实然结果两个方面。前者主要是指既定的建构目标，后者主要是指建构目标在多元主体间不断调适的结果。当两者一致时，农民组织化得以持续，农村公共性得以持续增加。当两者不一致时，现有的农民组织化与农村公共性建构解体，诱致型变迁发生。党的十九大报告指出，当前乡村振兴的总要求是：产业兴旺、生态宜居、乡风文明、治理有效、生活富裕。党的二十大报告强调，扎实推动乡村产业、人才、文化、生态、组织振兴。这就对协调与整合好农民个体的私人性与农民组织的公共性之间的关系提出了更高的要求。农民组织作为农民个体私人性向公共性转变的组织形式从现实操作层面为农民组织化与农村公共性的交互性建构提供了提升途径与措施。

综上所述，组织在行为主体创造或增加公共价值的过程中，呈现出一定的公共性；而公共性作为一种由政治制度、公民身份与治理所塑造的公共价值影响组织的发展，因而在农村这一场域中农民组织化与农村公共性具有自身的特性，二者之间相互联系、相互制约。一方面，农村公共性决定农民组织化的内容，并且随着农村公共性的变化而变化。农村治理在不同历史时期与阶段和各种因素的相互作用下通过农村社会组织形式的存在呈现不同的农村公共性内涵。另一方面，农民组织化作为农村公共性的重要载体，具有建构自身内涵的功能与作用。同时，农民组织化也对农村公共性具有反作用，促进或阻碍农村公共性的发展。这就决定了农民组织化作为农村公共性的表现形式与农村公共性之间的关系是相对的，并不必然总是一致的。

建构主体决定了建构动力和建构过程，共同影响着建构结果。依据建构主体、建构动力、建构过程和建构结果之间的交互效应，农民组织化与农村公共性及其交互性建构可以分为组织整合（包含经济组织整合和综合组织整合）型、服务整合型和价值整合型三种类型。具体而言，组织整合型主要是通过组织整合来将农民“组织起来”并建构公共性，服务整合型主要是通过服务整合来将农民“组织起来”并建构公共性，价值整合型主要是通过价值整合来将农民“组织起来”并建构公共性。

首先，这三种类型的划分是对农民组织化与农村公共性建构机制优先顺序的一种划分，三者之间并不是绝对排斥的。组织整合型中也存在服务整合和价值整合，但组织整合是核心机制，服务整合和价值整合是次级机制。农民组织化与农村公共性建构主体出于终极组织整合的需要，也会进行服务整合和价值整合，但它们仅仅是从属和服务于组织整合这一建构机制，并不因服务整合和价值整合的存在而改变自身性质。同理，服务整合型将服务整合视为核心机制，组织整合和价值整合属于次级机制。价值整合型将价值整合视为核心机制，组织整合和服务整合属于次级机制。其次，这三种类型的递进演变态势是一种质的变化。服务整合型和价值整合型都需要组织整合。服务整合型在保留组织整合所依赖的硬性建构机制的同时，增加了服务整合这一软性建构机制，价值整合型则在这一水平上又增加了价值整合建构机制，两者共同使组织整合由机械整合质变成有机整合，达到了其在组织整合型中所难以企及的高度。同样，在价值整合型中，服务整合和组织整合也得到了保留，但其发生基础和运行机制发生了实质性改变，因而呈现出较之前一阶段的不同形态。最后，如果说组织整合型和服务整合型农民组织化与农村公共性建构的发生基础和运行机制为政府主导和市场主导的话，那么，价值整合型的发生基础和运行机制则为基于多元协同的公共治理。

需要说明的是，组织整合型公共性依赖于组织这种硬性的建构机制，因而是一种强公共性。服务整合型公共性依赖于缺乏强制力的服务供给，因而是一种弱公共性。价值整合型公共性因其在继承了组织整合型和服务整合型核心要素基础上加入价值，因而是一种混合公共性（新公共性）。

农民组织化与农村公共性二者交互影响，这一观点在当代中国农村发展实践中能够得到诸多经验支撑。经济基础决定上层建筑，较之社会性组织化和自治组织化，经济性组织化的变革往往决定或影响了其他组织形式。这也是家庭联产承包责任制和市场经济如此深刻改变农村经济生态、社会生态和政治生态的原因所在。鉴于此，本书依据农村经济性组织变迁以及由此引起的生态变化，将农民组织化和农村公共性的交互性建构模式划分为经济组织整合型、综合组织整合型、服务整合型和价值整合型。依据前述分析维度，新中国成立以来中国农民组织化与农村公共性的交互性建构变迁如表 2-1 所示。

表 2-1　新中国成立以来中国农民组织化与农村公共性的交互性建构变迁

模式	类型	建构主体	建构动力	建构过程			建构结果	
				联结机制	行为	规则	应然结果	实然结果
经济组织整合型	组织化	政府主体和农民个体	国家现代化/个体生产力提升	经济组织	国家与个体兼容	经济规则	农民“组织起来”	组织化程度提高
	公共性				公私兼容	经济逻辑	引私向公	公私两利
综合组织整合型	组织化	政府主体	国家现代化	科层制组织全面管理	具体统一与抽象分离	行政规则	农民“组织起来”	人民公社解体
	公共性				公悬浮于私	行政逻辑	崇公抑私	化公为私
服务整合型	组织化	市场主体	市场化	市场组织提供农业服务	抽象统一与具体分离	市场规则	统分结合	统分分离
	公共性				个体价值张扬与集体价值虚化	市场逻辑	尚公重私	私扩公缩
价值整合型	组织化	多元主体	治理现代化	治理结构创造公共价值	多元协同	治理规则	合作网络	合作网络
	公共性				多元价值整合	治理逻辑	活私拓公	公私融合

需要说明的是，模式并无优劣之分，只有是否与特定经济生态、社会生态和政治生态有机契合，是否与特定时期的生产力和生产关系相适应以及能否有效促进农业农村现代化之别。同样，在不同的历史阶段，各个模式之间划分也并不是绝对的，而是以其主导形态进行的划分。

Chapter 3
第三章

经济组织整合型模式

基于以互助组为表征的非正式的经济组织和经过国家建构产生的初级社，农民的组织化需求与国家导向有机衔接，实现了政府倡导与农民主体性、自主性的结合，两者虽目标不一致但行为一致且能有效衔接。共同的组织化需求联结起了农民的生产需求与国家工业化、农业现代化需求，联结起了“私”与“公”，实现了互助两利和公私融合。

纵观中国农村70多年以来的发展过程，从土地改革到乡村振兴战略，中国农村的发展始终包含在国家的整体发展规划之中。另外，我国的国情决定了农村发展必须始终与国家政治发展、国家总体发展结合在一起，因而国家的发展道路、发展目标决定了农村的发展方向。正因如此，考虑我国农民组织化与农村公共性的交互性建构问题不能单一论述，要结合当时的实际情况具体问题具体分析以便更好地把握农村发展组织化与公共性规律。

新中国成立以后到1956年社会主义改造的完成，这一时期的农民组织化与农村公共性的交互性建构模式主要是经济组织整合型模式。需要说明的是，这一时期的农民组织化与农村公共性的交互性建构并不完全是基于经济组织，而是以经济组织为主，以其他性质的组织为辅。土地改革完成，农村土地制度从土地农民所有向土地集体所有转变，调动了农民个体生产与建设的积极性；同时国家政权向农村延伸，积极引导农民进行集体化生产。两者的有机结合，推动农民组织化与农村公共性呈现出良好的互构态势。

第一节　农民组织化:国家与个体兼容

一、农民组织化的主体

农民组织化主要依靠党政权威建立农村基层政府组织而开展和进行，这些农民组织主要包括三类:自上而下的农会、政权组织形成的党和政府组织，以互助组、合作社为形式的农业生产组织，运用政治动员和宣传教育等方法建立的共青团、妇联和民兵组织等群众性组织。国家通过政治权力在农村建立的多层级、多层次的管理制度，将农民组织起来纳入国家发展的轨道，因而农民组织化主要集中在党和政府组织、农业生产组织两种组织形式。其中，农业生产组织在推动农民组织化过程中占据主导地位。

就农村党和政府组织而言，一方面，新中国成立初期建立的农会、工作队等新式权力机构逐步向乡镇政府、党支部等基层政权组织转变。村庄往往包括自然村与行政村两种，自然村是一个或者多个以家庭或氏族等血缘关系为基础自然形成的居民聚居点，是农民日常生活和交往的基本单位；行政村是国家根据相关法律法规而建立的农村基层管理单位，一般情况下由多个自然村组成，也有较大的自然村为了便于管理划分为多个行政村。另一方面，农村党组织建设也随着合作化运动的开展向农村基层深入，实现了“将支部建在村庄”和“将支部建在生产单位”的目标。因而，农村基层以党政组织的形式延伸到乡村，将大量青年农民积极分子组织起来，使其成为农村社会事务治理的重要力量。

就农业生产组织而言，农村基本经济制度作为国家制度在农村生产领域的体现必然受到其影响；土地由农民私有向集体所有转变，农业生产开始由个体化向集体化转变，其生产组织形式开始由互助组到初级农业合作社逐步过渡。1951 年 12 月《中共中央关于农业生产互助合作的决议（草案）》的通过，肯定了农民在土地改革基础上所形成的积极性，使得农村互助合作组织得到迅速发展，并使得初级农业生产合作社开始在全国范围内普遍试办。1953 年 12 月通过的《中共中央关于发展农业生产合作社的决议》，总结农业互助组的经验，并明确提出了农业社会主义改造的路线，进一步推动了农业合作社的建立与发展（中央档案馆 等，2013a）。在政策文件的指导下，初级农业生产合作社和高级农业生产合作社的数量激增，农业互助组逐渐转变为初级农业生产合作社或者高级农业生产合作社。

综上所述，经过党和政府组织、农业生产组织这两种组织形式，农民开始从“个体”意义上的自身转变为“集体”意义上的组员或社员，被纳入国家发展整体规划之中，在一定程度上克服了农民缺乏组织的弊端。

二、农民组织化的动力

农民组织化的动力既包含外部的推动力也包括内部自身发展的需求所形成的拉力。就外部的推动力来说，中国共产党在长期的革命运动中总结的群众路线为新中国成立以后国家社会管理提供了路径依赖与历史动力。初始制度的选择是多种的而不是单一的，一种制度或制度系统被偶然地初始选择后，在历史发展进程中得到了确认，反过来通过机构设置或成本的固定与制度的协调效应、学习效应以及适应性效应形成收益递增，不断发挥自我实施或者强化的作用，进而影响制度的选择及其变迁（马耀鹏，2009）。在新中国成立之初，面临巩固新生政权与恢复社会生产和发展这两项紧迫任务之时，农村社会的整合成为国家政治考虑的重要战略选择；同时，国家政权在农村延伸，并将广大农民组织起来，具有极大的可能性与可行性；政治动员与宣传教育继续成为农民组织化推动力的行为手段。在农村基层社会层面，往往将爱国丰产运动与互助合作运动相结合，并以合作社为单位在农业生产上开展活动进行思想动员、经验交流与宣传教育。总而言之，长期以来的思想路线与组织方式以及国家发展的现实状况共同成为组织农民的重要推动力。

就农民自身的组织化需求而言，更重要的是满足了农民群众的需求。马克思的基本理论指出，人的最基本的需求就是衣食住行，人们为了满足其基本需求而组织起来，产生合作或冲突。新中国成立之前，中国共产党通过土地革命运动在农村革命根据地实行“耕者有其田”赢得了民心，使农民在中国共产党的领导下摆脱了压在身上的“三座大山”，进而形成了互补性的制度结构，成为推动革命发展和胜利的重要力量；新中国成立之后，中国共产党在全国范围内继续实施土地改革，满足了农民群众对于土地的需求，增加了农民对于党和国家的忠诚度与信任感，农民取得土地，党赢得农民信任（杜润生，2005）。

土地改革使农民获得了土地，但并未提高人民的生活水平，一方面，当时传统的农具与耕作方式、劳动组织方式难以使农民从土地上获得较高的收入；另一方面，土地改革使土地为农民所有，虽然极大地激发了农民的积极性，但是传统农业发展的个体小农经济固有弊端并未随之发生转变。由于个人耕种意愿与耕种能力等缘由，以致出现土地买卖、农民返贫甚至农村社会两极分化的现象，似乎重新回到传统的小农经济运作的逻辑之上，其后果是农民并未摆脱传统的生存方式，贫困依然是农民的现实写照，因而在寻求自身需求进一步发展与满足的动力之下，互助生产成为农民可以选择的道路。对此，张乐天（2012）[48]研究了太平村 13 个农民家庭 1953 年的农业收入情况，见表 3-1。

从表 3-1 中，我们可以看到 20 世纪 50 年代初期土地改革之后，中农与贫农的生活水平依然较低，如表所示，全年的人均收入仅 56.29 元。这一基本生活状况，从现实生存状况的层面上表述了农民对于组织化的需求，并直接激发了农民自身组织化的动力。总而言之，农民组织化的动力是在国家自上而下的高位推动下与农民群众需求的满足相结合、进而激发农民群众采取一系列符合国家发展所需的行为动力。

表 3-1 太平村 13 个农民家庭 1953 年的农业收入情况

户主姓名	成分	家庭人口	农业收入/元	成本所占比重	净收入/元	人均收入/元
冯祖仁	中农	7	476.20	20%	380.96	54.42
冯长顺	中农	5	290.40	20%	232.32	46.46
冯雪英	中农	3	153.00	20%	22.40①	40.80
周菊英	中农	2	93.68	20%	74.94	37.47
冯荣坤	中农	3	228.65	20%	182.92	60.97
冯见清	中农	2	261.30	20%	209.04	104.52
贾小青	贫农	4	422.81	20%	338.25	84.56
冯小毛	贫农	4	281.73	20%	225.38	56.35
冯小仕	中农	6	375.96	20%	300.77	50.13
张德龙	贫农	4	209.42	20%	167.54	41.88
张利宝	贫农	4	235.40	20%	188.32	47.08
张烦金	贫农	4	309.30	20%	247.44	61.86
张四宝	中农	2	180.19	20%	144.15	72.26
合计		50	3 518.04	20%	2 814.43	56.29

三、农民组织化的过程

刚成立的新中国处于百废待兴的状态，农业农村发展处于恢复阶段，因此，农民组织化也处于萌芽阶段，从纵向与横向两方面对农村进行管理，具有一定的过渡性质。

（一）纵向联结

就纵向联结而言，国家通过划分阶级成分、土地与财产的没收与分配，打破了原有的乡村权威体系，在农村建立起新的权威体系，加强了国家对农村社会的治理。新中国成立之初，国内各项事业都在建设之中，农村政权组织力量比较薄弱，难以较好维护农村的发展。一方面，在政治制度方面，将群众发动起来建立农民协会、农民代表会并选举乡政府以建立新的政权组

① 原文为 22.40，根据表中数据计算应为 122.40。

织取代保甲制，使得农村社会与国家政权联系在一起。1950 年《乡（行政村）人民代表会议组织通则》和《乡（行政村）人民政府组织通则》的颁发，为农村政权的建立做出了明确的规定；1954 年《中华人民共和国宪法》和《中华人民共和国地方各级人民代表大会和地方各级人民委员会组织法》的颁布，一是从法律上明确了农民作为国家主人的地位；二是明确了农村政权的法律地位，进一步从制度上强化了农民与国家之间的联系。另一方面，在经济生产方面，继续推行土地改革，依靠贫农、雇农，团结中农，有步骤、有分别地消灭封建土地剥削制度，改变了农村原有的权威结构与力量对比，为新中国农村政权的建立奠定了政治基础。土地改革完成之后，农民的民主意识和参与意识得到增强，农民积极分子踊跃加入中国共产党。然而，这一过程并不是一帆风顺的，是曲折发展的。

土地改革虽然使农民拥有了土地，实现了"耕者有其田"，并没有结束贫困，并没有扭转耕畜和农具等生产资料和生产工具"此余彼缺"、劳动力缺乏的局面，并没有从实质上改善农业生产条件和提高农业生产力。土地私有、落后的生产工具、传统的农家作物、狭小的土地规模、有限的自然资源、以自给为主的家庭经济、发育不全的乡村市场，这一切必然导致家庭之间的竞争，而竞争的结果必然是贫富分化和土地的重新兼并（张乐天，2012）[49]。事实也证明，土地改革结束后不久，土地兼并就重新出现了。为了解决这种困境，全国各地陆续出现了生产互助合作趋势。互助合作实行自愿互利、土地等生产资料和劳动产品归私人所有、互助换工等原则，在一定程度上提高了劳动生产率。

与此同时，中央为了推动工业化进程，实现过渡时期的总路线，实现国家的社会主义工业化和对农业的社会主义改造采取了一系列措施，也推动了互助合作运动向前发展。例如，1953 年颁布的《中共中央关于农业生产互助合作的决议》在分析农民合作的内生需求之后认为，要使国家得到比现在多得多的商品粮食及其他工业原料，同时也就提高农民的购买力，使国家的工业品得到广大的销场，就必须提倡"组织起来"，按照自愿和互利的原则，发展农民互助合作的积极性。

1951 年 12 月《中共中央关于农业生产互助合作的决议（草案）》的通过，肯定了农民在土地改革基础上所形成的积极性，使得农村互助合作组织得到迅速发展，并使得半社会主义性质的农业初级合作社开始在全国范围内普遍试办。1953 年 12 月通过的《中共中央关于发展农业生产合作社的决议》,总结农业互助组的经验明确提出了农业社会主义改造的路线,进一步推动了农业合作社的建立与发展(中央档案馆 等,2013b)。在政策文件的指导下,初级农业生产合作社和高级农业生产合作社的数量激增,农业互助组逐渐转变为初级合作社。初级合作社仍然是按照自愿互利的原则来组织,农民将生产资料以折价入股的方式加入合作社。虽然农民不再享有生产资料的直接支配权和使用权,但是保留了所有权。更为重要的是,农民保留了退社权。自愿互利原则、生产资料的所有权和退社权决定了初级合作社目标必须兼容农民个人目标,否则,合作社将失去持续发展的主体基础。

可以看出,在互助组到初级合作社阶段,制度变迁更多的是以需求诱致型变迁为主、强制性制度变迁为辅的形式出现。建构主体为自下而上的农民个体和自上而下的政府主体。建构动力分为两个方面,即政府主体推进农民组织化主要是为了提高农业生产力、实现农业的社会主义改造、使农民能够逐步完全摆脱贫困,克服农业与社会主义的工业化之间日益暴露出的矛盾;农民选择积极参与组织化的动力在于克服自身由于分散经营所带来的生产困难。由于农民组织化主要局限于农业生产领域,故联结机制主要为经济组织。行为方面,政府积极建构与农民积极参与相结合。规则方面,虽然政府采用行政机制在推广,但是农民保留了生产资料的所有权和退社权并采取自愿原则。两者虽目标不一致但行为一致且实现了衔接,共同的组织化联结起了农民的生产需求与国家工业化、农业现代化需求。正是这种一致性与衔接,使得这个阶段的公共性以实质公共性的形式呈现。

与经济领域农民组织化相伴随的是党组织在农村基层的延伸以及战斗堡垒作用的发挥。农村党组织建设随着合作化运动的开展向农村基层深入,实现了“将支部建在村庄”和“将支部建在生产单位”的目标。因而,农村基层以党政组织的形式延伸到乡村,将大量青年农民积极分子组织起来,使其成为农村社会事务治理和推动农民组织化的重要力量。

(二)横向合作

就横向合作而言,主要是在生产劳动这一具体过程中,农民之间以及农民和组织之间的合作更加频繁与紧密。农民作为个体逐渐跳出原有的家庭生活范围,与他人以及集体的联系加强。随着合作化运动的开展逐步向农村基层深入,积极为党组织工作的各种积极分子被吸纳到党组织中,实现了

“将支部建在村庄”和“将支部建在生产单位”，并以此动员农民，使得农民与国家的横向联系加强。另外，农村广大青年农民积极分子加入农村社会事务。男性青年在团委的组织下积极参加植树造林与“除四害”（四害指苍蝇、蚊子、老鼠、蟑螂）运动，农村男性青年在实践中与农村基层政权建立密切联系；妇联制定乡镇妇女代表大会组织意见，积极组织妇女参加农业生产合作社，从传统的家庭生产的私人领域进入集体生产的公共领域。

总而言之，这一时期的农村基层政权组织，相比于新中国成立初期的农会与工作队，其权力结构以党支部为核心、乡镇政府为执行机构等各类组织形式为具体表现，逐渐表现出明显的科层化、正式化与集中化特点，将农村自上而下整合进入乡镇等更大的组织体系之中，成为国家正式生活的一部分，农民组织化程度得到规范性的加强。

四、农民组织化的结果

结果是主体、动力在具体行为过程中所产生的综合效用。由于经济组织整合型模式产生于新中国成立后的一段时间内。因此，基于该模式的农民组织化整体上处于调整、建立与稳固时期，是政治动员与自愿结合双重特征作用的结果。政治动员主要是针对农民的思想顾虑展开的，使农民提高阶级意识和阶级觉悟，并引导他们通过集体化生产走上社会主义道路。自愿结合缘由主要在于人民群众要求摆脱贫困、改善生活、安居乐业的愿望。经济组织整合型模式下农民组织化的结果，主要表现在农民组织化的程度与范围、农民组织化的行为结果两个方面。

就农民组织化的程度与范围而言，农民组织在政治动员与自愿结合的双重作用下所涵盖的农民数量之多、范围之广，达到了前所未有的程度，客观上摆脱了分散的状态，表现出强大的凝聚力。截至 1952 年年底，全国已将近有 40%的农户组织起来了，其中互助组成立了 802.6 万，初级农业生产合作社有 3 634 个，高级生产合作社有 10 个（王贵宸，2006）。就农民组织化的行为结果而言，在农民组织程度日益加深的过程中，农村的公共服务与公共积累日益增加，并且反过来强化了农民组织化。农村响应国家政策发展的需要，按照“自愿互利、典型示范、国家帮助”的原则，积极推进农业合作化运动。除了基本的农业生产，组织群众兴修农田水利基础设施是重要的组织活动。兴修农田水利基础设施建设同农业生产一样，首先由乡镇根据建设任务制订工作计划、明确规定完成时限与完成质量标准;其次各合作社组织按照工作量调配社内劳动力、劳作工具以确保合作互助高标准完成,加强了农民之间和农民与组织之间的联系。农民组织化所塑造的农村公共性表现出较高的程度,主要体现在为农民生产水平的提高提供了较为完善的基础设施建设,增强了农民对国家和社会的认同感。

第二节　农村公共性:公私兼容

经济组织整合型模式中,农村公共性在国家政治权力的推动与农民个体需求的双重作用下显现出来,农村公共性表现出公私兼容的特征。“公”作为一种社会理念是农村发展的必然特征,具有共有性、公开性与社会有用性。在实践中,农村公共性主要体现为国家在整体意义上建构的公共性,以及农民个体的“私”在国家的引导下所产生的具有“公”的内涵。随着农村公共服务供给的不断增强,在农村领域公共性的推动力也在增强。一般意义上,公共产品和公共服务由政府组织予以提供。在优先发展重工业战略背景下,国家通过了以户籍制度为核心的城乡二元结构体制下的财政制度与社会福利保障制度,农村经过互助组、初级合作社和高级合作社的组织方式初步形成了以农民自我供给为主、国家供给为辅的农村公共产品供给体制,增加了农村的公共性发展主体与动力。农民所建构的公共性主要体现在为农业和工业化生产提供了有效的公共产品与公共服务,增添了新的公共性内涵。随着土地改革的完成,农会逐渐退出农村领域。由于农业社会主义改造的进行,农民被纳入合作社组织,作为基层政权的基层政府组织在一定程度上失去了相对应的权力,即提供公共产品与公共服务的公共权力,因而农业合作社成了农村公共事务治理的主要组织,承担着农村公共性发展的重要方式与作用过程。需要说明的是,农业合作社经历了从互助组、农业初级合作社向农业高级合作社的过渡,因而提供公共产品的范围有一个变化,展现了农村公共性内涵的发展变化。

一、国家层面的公共性建构

就国家层面来说,国家建构的公共性最重要的是以新中国成立为标志的新政权建立,以工农联盟的方式建立了无产阶级领导的新的权力,形成了新的表现形式的政治公共性。在农村领域，保甲制度的废除以及农村原有的地主武装与父老会议等民间组织的取缔，使得新式人民当家作主的权力体系代替旧式政治权力体系，从传统社会的“臣民”思想转变为现代社会的“公民”意识，形成了新的农村公共领域；同时进行的是农村社会阶级成分的划分，即地主、富农、中农、贫农、工人，地主与富农的地位下降，贫农的阶级地位上升并具有进入政治权力体系的优势地位，改变了农村原来的社会结构，促进农民个体的民主意识和自我意识的增强，重新塑造了农村的权力结构，在一定程度上增加了农民特别是贫农的政治认同感、归属感与凝聚力。国家层面的政治公共性往往通过具体的公共政策在农村进行强化。例如，在农村，深入开展反对官僚主义、反对命令主义和反对违法乱纪的运动，以政治运动的形式在农村领域对国家政治公共性进行改造并强化。国家对农村公共产品与公共服务的供给主要体现在两个方面：一是公共产品方面，直接投资建设大型水利工程；二是公共服务方面，针对农业推广建立农业技术推广站并培训大量农业技术人员。

二、个体层面的公共性建构与公私融合

就个体层面来说，农民的“私”与国家的公共性相结合，激发了农村的内部发展动力，进而增强了农村的公共性程度。农民作为农村社会的个体既具有个体的特性，又具有社会的属性，农民只有在农村社会这一集体中才能实现自身的自主性与自我的人生意义，进而促进农村社会这一集体的发展。以土地改革为核心的农村基本经济制度通过赋予农民土地所有权的形式，将农民个体的积极性与自主性激发出来。为解决劳动力与生产资料不足和农村公共产品供给不足的问题，农民根据农村生产的实际需要积极主动地进行互助生产，从临时互助组到常年互助组再到初级农业合作社和高级合作社，有效解决了农业生产问题并促进了农村公共服务供给的增加，使得农村的公共性内涵获得了实质性发展。从临时互助组发展到常年互助组，可以积累一定的资金用于农业副业与公共生产资料的投资，有效地提高了农业生产水平与兴建农田水利工程的效率；农业初级合作社进行农田水利工程建设和农业生产技术指导，还可以提取一定的公积金和公益金进行农村公共服务供给，例如建立托儿所。农业高级合作社取消了土地私有制，土地归集体所有，这使得农村公共产品与公共服务更加完善，包含了农业生产方

面、文化与福利事业方面，并通过《高级农业生产合作社示范章程》做了明确的规定。另外，《高级农业生产合作社示范章程》指出农村公共产品供给的资金来源于集体收入的公积金和公益金或者劳动补贴，这就意味着农民是农村公共产品和公共服务的承担者。

总而言之，农村公共性在国家的政治动员与政策引导下，通过人民民主专政的政治地位的确立，使得农民的"公民"身份得到确认并扩大了农村公共领域活动的主体范围；通过土地改革使得农民实现了数千年以来"耕者有其田"的愿望，为进一步建构农村公共性创造了基础条件；通过农业集体生产组织的建立与规模的扩大，农村公共服务的供给得以加强、农村公共性的发展取得了实质性进展。

第三节　经济组织整合型模式下农民组织化与农村公共性的交互性建构

一、农民组织化对农村公共性的塑造

农民组织化作为农村公共性的载体，一方面直接反映农村公共性的内涵，另一方面通过组织农民等方式创造价值，进而实现农村公共性的发展。农民组织化本身是一个行为主体通过一定的方式不断进行动态调整的过程，因而农村公共性通过其农民组织化得以动态表现出来。具体而言，在经济组织整合型模式中，农民组织化对农村公共性的塑造具体表现在以下几个方面。

农民组织化的主体在一定程度上扩大了农村公共性的活动领域。一是农村通过国家政权在农村基层社会自上而下建构的权力体制被组织进入新的社会关系之中，超越了以血缘、地缘关系为特征的传统社会关系，进入农村新型管理模式之中。二是农村建立了以村支部为中心、合作社为具体组织形式、各种群团组织为辅的全面的社会管理体系，为农村的公共性生长提供了制度机制。另外，国家通过鼓励与引导农民参与合作社生产，将原子化的农民个体组织起来，农民身份发生转变成为合作社的社员，在一定程度上激发了农民作为个体的自主性意识与其所在集体的社会性意识，即对自我与他者共在的确认成为农村公共性塑造的基础。

农民组织化的外部动力与内在需求共同推动农村公共性内涵的发展。经济组织整合型模式与第一个五年计划、社会主义改造时间基本吻合，决定了农村的发展与国家的整体战略发展同频共振。因而，国家，特别是基层政府，作为农村发展的公共服务的直接提供者所承担的政府职能角色对农村公共性的发展具有重要影响。对农业进行社会主义改造和优先发展重工业战略，将农村与国家紧密联系在一起，成为组织农民的直接动力，推动了农村公共性向前发展。农民自身的内在需求并不是可以忽视的，往往成为决定农村公共性持续发展的力量。农民自身作为个体参与农民组织的动力在于克服分散小农经济生产资料等的不足以提高劳动生产率，增加了农村公共性持续发展的动力。在国家与农民自身的双重推动下，农民组织起来形成的多种组织形式进一步丰富了农村公共性的动力来源。

农民组织化的过程既是农村公共性在农村场域的具体表现，也是衡量农村公共性的重要维度。农民组织化在其主体及其动力的作用下，通过农村这一具体情境的运行，对农村公共性的塑造表现出积极的促进作用或消极的阻碍作用。一是在农村已有的互助组的基础之上鼓励竞争与合作，其目的是在农民竞争与合作的过程中能够建立并强化农民个体与农村集体之间的联结，从而激发农民自身的生产积极性，使之促进农村公共性与国家公共性的发展。二是农民组织化具体体现为利用政治动员与行政手段，借助以互助组、合作社为主的农业生产经济组织形式与以乡镇政府、党支部为主的农村基层政权组织形式，集中农村资源，用以生产与分配劳动产品。这有利于通过劳动生产过程强化农村的集体意识或者公共意识，并以实践的方式促使农民潜移默化地采取符合国家公共性建构的行动。

农民组织化的结果是农民组织化的主体在其动力作用的推动下在农村这一场域中相互作用、共同产生的影响。经济组织整合型模式下，农民组织化达到了前所未有的程度，农村自上而下建立了较为完备的组织体系，将农村的发展纳入国家整体发展战略之中，其丰富与发展了农村公共性的内涵，使得农村社会的发展更加稳定，为农村的有序发展奠定了基础。一方面，农村公共性通过自上而下党政组织机构的建立，在其组织领导下，农民的主人翁意识日益增强。农民积极主动参与农村社会事务，使得农村的发展超越农民个人“私”的层面，向农村集体“公”的层面转变，实现了农民个体层面的私人性与国家政治层面的公共性的共在共存，进一步丰富与发展了农村的公共性。另一方面，农村以互助组、初级农业合作社为形式，解决了农民生产发展的“原子化”问题，激发了农民生产的积极性，这就在经济生产层面为农村公共性的发展提供了物质基础，同时也为农村公共性的长久发展提供了内在动力。

二、农村公共性对农民组织化的强化

在经济组织整合型模式中，与农民组织化对农村公共性的积极塑造相似，农村公共性也对农民组织化起到了强化效果。农民的生产和生活需求在国家政权进入农村基层社会的推动下，建构了国家与农民个体共在的公共性，其主要表现为国家层面的建构与个体层面的重塑两个方面。

就国家宏观层面而言，以自上而下的方式建立较为完备的组织机制，强化了农民组织化的发展。新中国的建立所建构的国家公共性，将广大农民群众纳入新的社会发展之中，摆脱了旧社会压在人民身上的“三座大山”，农民对国家的认同感与忠诚度达到前所未有的高度，进一步促使广大农民自觉地加入农民组织化这一过程之中，成为农民组织化的重要参与主体。土地改革的完成使农民成为土地的主人而非附庸。这两者所产生的公共意识和国家情感激发了农民进行组织化生产、生活。另外，国家在优先发展重工业的战略背景下，运用计划经济体制的经济逻辑和进行社会主义改造运动，借助国家政治力量的公共特性把农民个体纳入国家社会经济发展的整体之中，将农民个体与国家集体建立联系，在经济和社会意义上进一步强化了农民的组织意识与组织意愿。因而，在这些因素的共同作用下，农村的公共意识与组织化程度得到加强。我们可以通过一些具体实践活动真实地感受到农村公共性意识的提高所带来的作用，其增强了农民组织生产的行为动力，并影响了农民组织化的程度与认知。

土地改革之后，土地归老百姓自己，那个时候人们干得都有劲；刚开始的时候，牲畜和生产工具不够，大家互相帮忙，你帮我一下，我帮你一下。后来，村里组织进行互助组、合作社，大家刚开始都不愿意加入；村里进行宣传教育，老百姓相信中国共产党，纷纷加入，当时确实提高了产量。[①]

另外，国家制度层面上，农村公共性的发展表现在农民对中国共产党和

---

① 资料来源：笔者的实地访谈。

国家认同感的增加以及中国共产党和国家在农村的政治合法性与正当性的提高上，这就巩固了农村基层政府组织的建立，为农民组织化的发展提供了正式权威这一主体与动力；同时以中国共产党和国家为代表的新的权力体系代替了原来的权威体系，重新塑造了农村的组织形式与社会结构，也为农村其他组织的发展提供了新的机遇。一是重新建构了农村社会的权威体系，超越了以血缘、地缘关系为特征的传统社会关系，在农村基层社会自上而下的管理体制，使得农村整体纳入国家组织之中，其公共性作用日益显现。二是农村公共性的发展，激发了农民群众参与农村社会事务发展的积极性，使得农民这一组织化主体以主人翁的姿态进入历史舞台。广大农民参与农村事务的积极性，在农村治理人员的组成上，其村干部的选择标准主要是出身成分、阶级立场、群众权威、组织意识与工作作风，其中最重要的是出身成分，贫农的政治身份与地位优势明显，而富农与地主往往被排除在外，这就使得贫农代替原来的乡绅、士族成为农村管理的权威中心，改变了农村原有的治理方式，在国家制度层面将广大农民群众真正组织了起来。

就个体层面而言，农民自身的公共意识和集体意识的增强改变了原来农民组织化的动力与过程，进一步强化了农民组织化的程度。农村公共性是农村公共生活的本质属性，农民组织化需要在其基础上进行。公共性意味着作为个体的自我与他者的共在，经济组织整合型模式下的农村公共性从国家层面和个体层面建构了个体与集体的共在性，农民组织化在这一建构的过程中通过农民主体的参与动机、农民组织的过程等得到强化。另外，农民克服了传统生产的弊端进入集体生活，为农民组织化的过程提供了主体基础与动力来源。因此，农民个体在国家宏观层面的经济发展战略与微观层面的权力体系的建构下从小农化的个体向集体化的成员转变，农民个体逐渐从家庭小农户的私人生产领域进入集体生产的公共领域、社会交往公共空间从家庭生活领域扩展到集体劳动领域，同时劳动光荣的思想在农村逐渐形成。

第四节　小　　结

新中国成立后，农村基层社会治理发生了极大改变，通过优先发展重工业战略、进行社会主义改造运动、建立农村基层政权等，形成了农业合作化生产、农民计划性生活、农村总体性管理的局面。经济组织整合型模式下的农村治理变迁是在国家政府自上而下的政治动员与宣传教育的推动下，以互助组、初级农业合作社到高级农业合作社逐步过渡的农业社会主义改造运动，是将农民组织化的内在需求与国家工业化发展的需求相结合而产生的。

经济组织整合型模式中，农民组织化与农村公共性都获得了一定的发展，促进了农村基层社会的有效治理，农民组织化与农村公共性呈现出双向作用、互相强化的状态。农民组织化程度以农民主体与国家集体共同参与农村生产发展与政治运动的方式而得到提高；同时农民组织在组织的过程以及组织价值创造的过程中促进了农村公共性的建设。简而言之，农民组织化在其过程中创造了农村公共价值，进一步丰富了农村公共性的内涵；而农村公共性反过来以其价值体系的作用强化了农民组织化的程度。因而，经济组织整合型模式下，农民组织化与农村公共性之间表现出一定的契合关系。然而，经济组织整合型模式是在城乡二元结构体制下的统销统购制度与农村社会福利制度下进行的，农民集体劳动带有一定的盲目跟从性，未能充分体现农民参与社会治理的个体主动性，因而基于经济组织整合型模式的农村公共性更多地表现为国家行政式的公共性。随着农业社会主义改造的提前完成以及国家工业化与农业发展的矛盾逐渐暴露，在农村以及国家建设层面出现了冒进思想，农村治理的方向发生了转变。

Chapter 4
第四章

综合组织整合型模式

实质公共性向形式公共性的退化使农民个体行为与组织行为之间的关系逐步由统一转变为了偏离的状态,“崇公抑私”在实践中逐步异化为“化公为私”,农民组织化与农村公共性的交互性建构效果弱化。行政力量的失灵预示着市场力量的登场。

1956 年社会主义改造的提前完成到人民公社解体这一时期，农民组织化与农村公共性的交互性建构模式主要是综合组织整合型模式。在这一模式中，农村的发展从高级合作社迅速进入“一大二公、一平二调”的人民公社；农民组织化与农村公共性也发生了显著变化，主要表现为国家行政化与行政国家化，农民自身的个体性弱化并难以较为全面地展现出来，农民作为农民组织的部分存在成为国家社会发展的附属。国家行政化是国家采取多种政治意识、组织建设与公共服务等形式，不断对基层社会渗透与管理以实现对其有效治理的过程。这一过程的结果却是社会治理充满了行政色彩以及国家对社会的单向度作用。行政国家化是国家行政化在组织层面的表现，即在国家行政权的渗透下，行政机关与社会的各个方面建立密切联系，农民组织化被严格控制在国家权力之中。

第一节　农民组织化：具体统一与抽象分离

基于综合组织整合型模式中的农民组织化始于农村从农业合作化迅速向人民公社化转变。然而，这种转变所片面要求的农业发展速度，并不符合国家发展的实际情况，出现了生产力的发展水平和生产关系不相适应、经济基础与上层建筑不相适应的现象。农民组织化与农村公共性陷入了非均衡状态，即农民组织化的具体统一与抽象分离的失衡状态。农民组织化的具体统一是指农民组织在这一模式中表现出的与经济组织整合型模式下的社会经济、国家发展的组织与形式相一致的状态；抽象分离表现为农民组织化过程中呈现出来的行为主体的权利与义务的不对等。

一、农民组织化的主体

随着经济组织整合型模式向综合组织整合型模式转型，农民组织化呈现出单一化趋向。1956 年进入了高级合作社，农民的土地等生产资料被集体化，农民失去了生产资料的所有权。单一的生产资料公有制所造成的激励不足问题开始显现。1958 年开始，农民组织化进入了“一大二公”的人民公社阶段。这是一种政社合一的组织，实行“三级所有、队为基础”的管理体制。它的建立使农村中原来的生产资料集体所有制扩大和提高了，并且开始带有若干全民所有制的成分。人民公社的规模比农业生产合作社大得多，并且实现了工农商学兵、农林牧副渔的结合，这就有力地促进了农业生产和整个农村经济的发展（中共中央文献研究室，1996）。通过选举成立社、队管理委员会，统一经营、分级管理，国家强化了对农村的管理，实行"全能型政府"，并通过运用指令性计划和行政手段对农民进行政治、经济与社会的全面管理，以及对农村进行经济与社会管理。这一过程中，政府借助基层党组织成了农村单一的治理主体，其既扮演着生产组织者又承担着监督者与管理者的角色。人民公社成为农村治理发展的单一主体，农民失去生产资料和土地的所有权与退社权。另外，人民公社组织实行"党委决策、政府执行"的运作模式，党委在该运作模式中处于核心地位，对工农商学兵的发展具有绝对的领导权，公社行政管理委员会工作受其领导并对其负责。在体制内部，实现了将"支部建在大队"，人民公社、生产大队、生产队三级行政管理机构分别设有党组织机构，即公社层级的党委员会、总支部委员会或者支部委员会，生产大队层级的总支部委员会或支部委员会，生产队层级的党小组。各级党组织之间的关系是垂直隶属关系，下级受上级领导并对上级负责。

因此，综合组织整合型模式下的农民组织化实行政社合一，党、政、经三位一体的管理体制和公社—大队—生产队三级制的组织形式，将其政治、经济、社会等各个方面的管理控制起来，农民组织只是形式意义上的农民组织，失去其自身发展的自主性与个体性；而农民组织化的主体呈现单一化与行政化，片面地依靠国家的政治与行政指令治理农村。从整体上看，从高级合作社到人民公社的变迁属于强制性体制变迁。综合组织整合型模式下的农民组织化与公共性建构方式由之前的自上而下与自下而上相结合的方式转变为单一的、政府主导的、自上而下的方式，政府成为这一模式的建构主体。综合组织整合型模式下，就党组织和政府关系而言，实行"党委决策，政府执行"的运作模式。就纵向体制而言，形成了县—人民公社—生产大队—生产队的层级组织体制。

二、农民组织化的动力

基于综合组织整合型模式的农民组织化更多的是基于国家和政治层面的考虑，在一定程度上忽视了农村发展的客观实际情况，违背了农村发展的规律。因而，综合组织整合型模式下的农民组织化的动力呈现内、外部不一致的状况，难以协调促进农业农村现代化。农民组织化的内部动力与外部动力不一致主要表现在以下两个方面。

就内部动力而言，经济组织整合型模式发展过程中暴露的问题并未得到相应的重视，只是运用政治动员与宣传教育对农村进行更加全面的管理。农民仅能在城乡二元户籍制度下进行衣、食、住、行等基本生存需求的活动，缺少一定的发展空间，自身生产与发展动力不足。由于农村发展的根本动力在于农村的内部动力，而其外部动力起着推动或阻碍作用。综合组织整合型模式下的农民组织化因其不能满足农民的基本生活需求及其发展需求而遭遇内部发展动力不足的困境，在一定程度上影响了农村的发展与变革。

就外部动力而言，农民组织化的动力来源主要在于政府经济规划和计划经济体制下发展工业的需求这两个方面。首先，政府经济规划在这一模式的形成中发挥着不可忽视的作用。20 世纪五六十年代我国在社会主义建设中出现了急于求成的倾向，直接引起了全国范围内的社会生产运动，这也是人民公社在全国范围内建立的直接因素；其盲目追求“多、快、好、省”，致使社会主义建设遇到瓶颈。1958 年《中共中央关于在农村建立人民公社问题的决议》指出，人民公社将是建成社会主义和逐步向共产主义过渡的最好的组织形式，它将发展成为未来共产主义的基层单位。另外，社会主义改造的提前完成以及农村大型水利工程的建设，使得国家范围内对农村经济形势的发展产生了错误估量，即一方面能够解决小型合作社内部及其之间的矛盾，另一方面可以解决计划经济体制下人力、物力与财力不足的问题，从而有利于管理农村并促进国家工业的发展。例如，人民公社成立当年，海宁县委办公室将推行人民公社的理由归纳为三条（张乐天，2012）[57]。第一，工农业并举需要最高限度地综合利用资源、统一调配劳动力、有计划地利用资金。第二，生产与交换的紧密结合是推动社会生产力发展的重要环节，农业社和商业部门之间的矛盾，阻碍了双方的发展。第三，分散的个体家庭生活方式不仅造成劳动和时间上的浪费，而且妨碍集体主义意识的成长。《中国共产党中央委员会关于发展农业生产合作社的决议》认为，孤立的、分散的、守旧的、落后的个体经济限制着农业生产力的发展，它与社会主义的工业化之间日益暴露出很大的矛盾。这种小规模的农业生产已日益表现出不能够满足广大农民群众改善生活的需要，不能够满足整个国民经济高涨的需要。为进一步地提高农业生产力，中国共产党在农村工作的最根本的任务，就是要善于用明白易懂且为农民所能够接受的道理和办法去教育和促进农民群众逐步联合组织起来，逐步实行农业的社会主义改造，使农业能够由落后的小规模生产的个体经济变为先进的大规模生产的合作经济，以便逐步克服工业和农业这两个经济部门发展不相适应的矛盾，并使农民能够逐步完全摆脱贫困的状况而取得共同富裕和普遍繁荣的生活。由此可以看出，农民组织化的建构动力开始转变为政府单方面的农业现代化和工业现代化动力。

概而言之，尽管人民公社有效地解决了土地的统一利用、农业基础设施统一修建与成本收益的内部化等合作社难以解决的棘手问题，但是这种与当时的生产力不相适应的高度公有化的产权机制和单位劳动的平均主义分配加剧了高级合作社时期出现的激励不足问题，出现了异化行为。这种异化行为也是公共性由实质公共性转变为形式公共性的典型体现。

三、农民组织化的过程

基于综合组织整合型模式的农民组织化是经济组织整合型模式下农民组织化的继续深入，即在国家主导的农民合作化的持续深化和农民个体行为的消极抵抗的双重作用下进行的过程。在这一模式中，国家的政治权力通过公社而渗透到每一个自然村落，支配着农民的行为。通过将农民土地所有制转变为农村集体所有，改变了农村土地的性质，为综合组织整合型模式下的农民组织化的发展提供了物质基础与组织保证。同时，国家政权将党组织的范围扩大到村大队一级，使其与人民公社的三级管理体制相对应并领导人民公社的工作。人民公社在农村范围内全面建立并以此为依据进行组织农民生产、生活等农村的各项事务。

简而言之，人民公社构成了农民组织化的重要载体。规则方面，农民的生产资料所有权和退社权被取消，采用政社合一的行政逻辑。尽管在综合组织整合型模式下，农村基本核算单位发生了一些变化，自 1962 年《农村人民公社工作条例(修正草案)》将原有生产大队负责的工农商学兵与经济基本核算转化为由生产队直接进行基本核算，生产队作为基本核算单位相对稳定。人民公社作为政社合一的组织形式，由农村基层政权的乡人民政府与作为农业集体经济组织的农业合作社共同组成。首先，在农业生产方面全面将农民组织起来。综合组织整合型模式下的人民公社将原属农业合作社所有的土地、生产资料与公共财产、社员私人所有的私有财产等全部转变为公社所有与管理，实行公社所有制、统一核算；在其劳动分配方面，实行以供给制为主、供给制与工资制相结合的分配制度。1962年颁布的《农村人民公社工作条例（修正草案）》将其调整为按照劳动工分实行按劳分配取消供给制，工分制见证了综合组织整合型模式下的农民组织与发展。其次，党组织通过人民公社将党组织建立在农村社会基层，实现了对农村更为深入、全面的管理；党组织领导人民公社，在三级管理体制上建立相应的党组织部门以便对其管理，通过人民公社各级党组织与广大农民建立起紧密的联系。

在管辖区域内，在农业、工业、商业、服务业、教育等领域建立了组织机构。在农业生产领域，建立了各种专业组织，例如水稻专业组、蔬菜专业组、畜牧专业组、食堂专业组等组织。因此，农业生产条件得到了改善，张乐天(2012)[64]的研究显示，在1959—1963年间，陈家场自然村修建各类渠道1 600米，L大队1959年修建了第一座抽水机站，购买了一台电动水泵和两台柴油机，修建干渠868米，支渠5条总长4 420米，毛渠14条总长8 856米。全大队实现机耕的土地占比38.1%。这些农业基础设施有效改善了当时的农业生产条件，在一定程度上结束了“靠天吃饭”的问题。也正是这些以人民公社为基础的农业农村公共设施和服务连接着组织及其成员。

在农村社会生活方面，农村集体农业活动与政治动员活动代替原有的公共生活方式。传统的祭祀活动、家族公共活动等仪式生活被取消或者禁止，“移风易俗”活动在农村以政治动员的方式展开。因而，综合组织整合型模式下的农民组织化是在人民公社这一组织形式下进行的，经济、政治、文化、社会等活动尽可能地被纳入其中。例如，有的公社建立了托儿所、幼儿园和敬老院来提供抚养和赡养服务。但是，幼儿园和敬老院能否良性运转取决于各个公社的经济实力。

四、农民组织化的结果

基于综合组织整合型模式，农民组织化的结果是国家的主动推动与农民个体的消极行为共同作用的结果，具有多重表现形式。国家在农村迅速建立起人民公社组织，农业生产由原来的以农户为单位的农业生产方式转变为以生产队为基础的农业生产方式。仅从生产源的角度看，一方面，这种以生产队为基础的农业生产方式，使农民走出传统的家庭单位，以集体的劳动方式进行劳动，有效地避免了家庭生产资源的不足，同时加强了农民之间的联系，扩大了农民的公共生活空间。当前一些农村仍习惯用“公社”“大队”等这一类用语谈论事情。另一方面，这种农业生产方式有利于解决小合作社面临的资金、管理问题，能够较好地为工业与重工业的发展积累原材料，解决了当时我国工业发展面临的资源不足的困境。然而，这一生产经营模式具有浓厚的平均主义色彩，在当时生产力不足、社会发展水平较为落后的情况下，并不能有效地激发农民的劳动积极性，容易产生“搭便车”“负攀比”“损公肥私”等问题。

基于人民公社化运动，农民从个体化全面进入公社化时代。综合组织整合型模式下的农民组织化与经济组织整合型模式下相比更加强调国家政治权威对基层政府的作用，以人民公社为载体建立自上而下的、深入农村基层社会的党组织体系，对农村事务起着主导作用，其目的在于更好地集中农村的人力、物力、财力，以便在农民采取一致性的行动下获得一定的治理效果。另外，通过实行政社合一体制，党组织对人民公社甚至农村事务形成了全面管理的局面。然而，按照古德诺(1987)的行为逻辑，政治是国家意志之形成和表达，行政是国家意志的执行，综合组织整合型模式下的农村治理的过程中必然存在着一定的危机。其缘由在于农村基层社会在执行政策过程中存在一定的偏差，综合组织整合型模式下的人民公社在全国范围的建立便是对当时农村经济社会发展的错误估计。

农民囿于个人力量的弱小而参与农村集体劳动，这似乎是农民在当时现实状况下的最好选择。然而，农民自身总会以各种方式选择最优的生存环境，在农村普遍出现与理想目标不相符的农民的行为，例如瞒产私分等现象。总而言之，由于国家在农村表现出来的相对“强势”与农民个体在这一过程中的相对“弱势”，综合组织整合型模式下的农民组织化只是在形式上更大地域范围、更多管理内容的组织化，并不能称之为实质性发展。国家城乡二元体制结构，进一步弱化了农民组织化的实质效果，使得这一时期农村社会处于停滞的状态。在农民组织化行为方面，出现了政府积极建构与农民消极参与的裂痕。人民公社的制度安排明显具有二重性，人民公社在小农家庭的基础上建立了社会秩序，但小农家庭从一开始就是一种瓦解人民公社的力量。

概而言之，农民组织化与农村公共性建构的供需出现了结构性失衡，使得由初级社阶段所建立起来的实质公共性逐步转变为形式公共性，即农民个体行为与组织行为之间的关系逐步由前期统一转变为了后期偏离的状态，组织所倡导的“崇公抑私”在实践中逐步异化为以借、拿、占等为表现形式的“化公为私”。

第二节 农村公共性：公悬浮于私

农村公共性是农村发展的本质属性，是多元主体共在、多重动力共同推动、多种组织形式共存的复杂作用结果。由于计划经济体制的全面展开，综合组织整合型模式下的农村公共性表现出不同于经济组织整合型模式下的农村公共性的特征。综合组织整合型模式下的农村公共性在建构方面，缺少作为农村发展主体的农民的参与，呈现出“公”悬浮于“私”式的国家行政的公共性。

一、国家的“在场”与农民的“缺场”

在中国共产党的领导下，农民组织化发展演进与国家的发展有着密切的联系。1956 年中共八大提出，我国的主要矛盾已经是人民对于建立先进的工业国的要求同落后的农业国的现实之间的矛盾，已经是人民对于经济文化迅速发展的需要同当前经济文化不能满足人民需要的状况之间的矛盾（中共中央文献研究室，1994），对我国的社会发展做出了较为准确的、科学的判断。然而，综合组织整合型模式下的治理并没有为这一判断提供良好的发展环境，因而并没有得到真正落实。在农村领域中，综合组织整合型模式下的公共政策执行往往通过国家运动式治理对农村治理进行国家权力的渗透，以期实现农民的思想与行动的高度一致，进而产生高度的凝聚力与组织化使国家的意志与任务能够精准落实。整体上，综合组织整合型模式下的农民组织化，忽视了经济发展的客观规律，影响了农民生活并挫伤了农民个体生产发展的积极性，从而弱化了农村的公共性。

国家政权在农村基层社会这一活动领域中以自上而下的方式将农民个体整合进入国家行政体系之中，形成了较为强大的国家政治公共性。一方面，政府把农民的生产、生活纳入国家发展体系之中，运用指令性计划和行政手段对农民进行政治、经济与社会的全面管理，对农村进行经济与社会管理，建立了较为完整的管理体制，使得国家行政手段成为农村日常事务的管理方式，因而强化了对农村的管理。另一方面，国家权力在农村的影响日益深刻，重新塑造了农村公共空间与话语体系。传统的家族结构解体，农村原有的基于血缘、地缘等家族式权威关系崩塌，使得农民个体从其中解放出来直接面对国家、集体等社会组织，农民个体对于农村集体的认同感与归属感增强，集体利益与国家利益成为综合组织整合型模式下的公共话语之间的关系。虽然综合组织整合型模式下的农民行为出现与人民公社要求的不一致，但是“公社”“集体”的观念深入农民心中。

二、“公”悬浮于“私”

综合组织整合型模式下的农民组织化与农村公共性并不能有效协调国家利益与集体利益、个人利益之间的关系。土地从农民私人所有转变为农村集体，同时这一时期的农业生产材料全部转变为人民公社所有，农民失去其土地所有权与生产资料，农民往往基于生产生活和生存发展的需要而不得不服从人民公社的安排；特别是在城乡二元结构体制下，统销统购制度加重了农村公共性的消解。研究资料显示，1952—1957 年，国家通过工、农业产品“剪刀差”从农业部门获得净积累为 475 亿元，占同期财政收入的 30.9％；1959—1978 年，其净积累为 4 075 亿元，占同期财政收入的 21.3％；两者分别相当于同期农业税的 2.7 倍和 7.2 倍（吴理财，2019）。另有资料显示，1952—1986 年，国家利用“剪刀差”的方式从农业中隐蔽地抽走了 5 823.74亿元，加上农民缴纳的国家税收 1 044.38 亿元，共计 6 868.12 亿元，接近 4/5 的同期全民所有制非农企业固定资产原值（吴理财，2002）。可以看出，农业农村极大程度地支持了国家在“一穷二白”的情况下建立比较完整的工业体系，但弱化了农民对人民公社的认同。这一认同也可以进一步来解释这一时期的农村公共性表现。农民对人民公社和国家的看法，出现了极为矛盾的观点：农民对国家的认同感比较高；而人民公社是农民不愿回想的记忆，农民对所在的公社及其村干部的认同感比较低。

总而言之，基于综合组织整合型模式的农村公共性是国家行政主体的强化与农民主体的实质性“不在场”的状态、治理过程中集体行动的政治化作用的结果，呈现出“公”悬浮于“私”的状态。这也决定了农村公共性的发展面临一定的危机。政府成为农村单一的治理主体，政治的计划性代替了农民的主体性,其承担着监督者与管理者的角色,弱化了农村公共服务者的角色,过于重视国家层面的政治公共性在农村领域的表现,忽略了农村公共性所包含的作为农村社会主体的农民的主体性。也正是因为对农民主体性的忽视,和对农民主体的主观能动性的忽视,在一定程度上弱化了国家政权在农村基层已建立的权威基础,使得综合组织整合型模式下的农村公共性发生面临消解困境。

第三节　综合组织整合型模式下农民组织化与农村公共性的交互性建构

一、农民组织化对农村公共性的影响

农民组织化是农村公共性的表现形式。就农民组织化的主体与动力而言,综合组织整合型模式下的农民组织化主要通过人民公社化运动进行,其中的农民个体更多的是"工具人",因此需要辩证地分析其对农村公共性的影响。一方面,国家在农村自上而下建立起严密的政权组织体系,"三级管理,队为基础",为管理农村资源提供了有效的途径,能够进入经济、政治、文化和社会领域,为国家工业的发展提供了生产资料,强化了农村社会国家层面的公共性;另一方面,也正因如此,农民被束缚在农村领域,其他非政府组织在农村难以存在并发挥作用,使得农民必须依靠这一组织体系获取生产资料、满足生存需求。因此,农民组织化因缺少农民这一个体的实质性参与而忽视了内在发展的本质要求,即农村公共性的真正内涵。

就农民组织化的过程而言,农民组织化通过其同构性与强制性特征,塑造并加强了农村共同性程度。一方面,国家通过政治动员的方式把《中共中央关于在农村建立人民公社的决定》《农村人民公社工作条例(草案)》等政策文件在全国范围内落实,建立了政社合一的人民公社,统一规划、统一经营、统一劳动、统一分配。人民公社将人民组织起来,一定程度上扩大了农民的活动空间,加强了农民之间的交往与联系,从而促进了农村公共性的发展。另一方面,农民被无条件地纳入该组织之中,没有生产资料与退社权,这也造成了农民个体对组织的全面依附、农民主体性遭到抑制、缺乏独立意识和独立权利;农民只是作为农村社会生产计划的执行者而参与农村治理,同时作为与农民有直接联系的生产队干部并不能真实反映农民的意愿并且

受到公社干部与大队干部的严格管理，显示了综合组织整合型模式下的农村公共性的片面性。

就农民组织化的结果而言，农民组织化对农村公共性的影响，既包含正向的效应又包含负向的作用。综合组织整合型模式下的农民组织化提高了农村公有化程度。人民公社的管理范围更加广泛，既包括农民的生产生活也包括农村公共服务供给与社会保障、军事训练，涵盖了农村社会的方方面面，对乡村合法性资源的管理更加有力，将农村纳入国家发展的战略轨道之中，有利于农村资源的整合与农村的治理。然而，由于国家对农村的管理过于严密，将农村的一切发展都包含在内，实现对农村的绝对管理，使得农村失去其自身发展定位，农村生产管理充满政治化色彩而忽视了其生产特性。

总而言之，在国家政治意识形态的作用下，国家层面的政治公共性得到了强化，农民个体对农村公共性的建构作用被忽视了，因而农村公共性表现的仅仅是农村社会的国家行政式公共性，即展现的是政府这一主体在社会公共活动中的关系状态和价值(张雅勤，2013)。

二、农村公共性对农民组织化的影响

农村公共性是农村社会的本质表现，是农村治理主体在农村的根本价值。综合组织整合型模式下，农村公共性对农民组织化的影响是多方面的，既包括农民组织化的主体与动力，也包括农民组织化的过程与结果。然而，这一时期的农村治理违背了农业农村发展规律，使得农村生产力与生产水平不相适应、经济基础与上层建筑不相适应。因而，综合组织整合型模式下的农村公共性，对农民组织化程度产生不相适应的影响。如前所述，综合组织整合型模式下的农村治理以政治动员的运动式治理为主，影响着农民组织化的过程。而人民公社实行政社合一，以行政命令、计划指令进行农村社会事务的治理。

就农村公共性的主体与动力而言，农村公共性的程度深刻影响农民组织化主体的价值观念与基本构成。一方面，综合组织整合型模式下的农村公共性弱化了农民组织的主体性。人民公社实行统一规划、统一经营、统一掌握，而农民作为农民组织的主体只是农村生产计划的执行者，其劳动潜能和创造精神没有也不可能完全展示出来。故综合组织整合型模式抑制了农民的生产积极性。另一方面，农民作为社会治理的主体，在农村基层政权组织的建构下，为满足自身生存发展的需求以农民特有的方式参与农村治理，其自身具有“道义小农”与“理性小农”的特征，因而，综合组织整合型模式下的农民在面对不同的农村事务与自身事务时，呈现出与国家外部动力不一致的趋向。

就农村公共性的过程而言，农村公共性以其政治规划的方式，重新塑造了农民组织化的过程。国家政治层面的公共性对农村的渗透，强化了农民的集体意识，为计划经济体制在农村进行工业资本的原始积累提供了思想准备。例如，通过“一平二调”（平均主义和无偿调拨物资）调用了大量的劳动力和农副产品。以政治特性为主的农村公共性重塑了农村结构关系，改变了农民个体之间的关系与联系方式，几乎完全依赖行政关系并成为主要的社会关系；而家庭作为农村最小的单位，其经济和社会职能已经消失殆尽；在从家庭为基本生产单位转变为以公社为基本生产单位这一过程中，政治规划起着诱发与推动作用，过于迅速，并不符合农村发展的实际状况；加上统销统购的公共政策的推动，农民组织生产资料的“输入”与劳动产品的“输出”呈现出不协调的状态。

就农村公共性的结果而言，农村公共性对农民组织化产生了直接影响。农民个体的积极性受到抑制，农村公共性建构形成了“公悬浮于私”的局面，甚至出现了“化公为私”的现象。集体化并没有改变小农的本质，小农继续追求着家庭利益，甚至做着退社的打算。农民作为农村的组织成员，只能依靠人民公社参与集体劳动，获取满足生存的基本资料，加上户籍制度的限制，离开农村便难以生存。然而，农民自身在不能改变现有的生存环境时，面临不利情境进行个体选择时，会进行理性的选择以满足自身的生存需要，个体并不绝对服从于组织的要求。农民个体面对生存发展的需要，往往表面服从集体共同行为，而背地里发生“瞒产私分”等对不合理制度抵抗的行为，出现了农民“去组织化”的现实状况。例如，实行工分制度的目的在于对成员劳动进行激励。多劳意味着工分越多，收益分配增加。但是在难以有效计量劳动质量标准的前提下，工分制度发生了手段与目的倒置现象，出现了“工分挂帅”现象。即公社农民片面追求工分的多少，不顾劳动数量和质量的倾向。同样，“负攀比”“搭便车”“损公肥私”等现象的出现也标志着综合组织整合型模式下的农村公共性建构出现了与设定目标背道而驰的问题，即作为建构目标的“公”悬浮于“私”之上。这一方面预示着农村社会将呈现出迟滞性稳定状态。例如，农村出现了“没有发展的经济增长”现象，即尽管将农民组织起来了，但是并没有使农民摆脱“糊口经济”困境。另一方面，农村公共性建构的失败将或多或少推动着我国接下来的农村变革与发展。事实也证明，不久之后，全国便掀起了农村经济体制改革的浪潮。

第四节 小 结

基于综合组织整合型模式的农民组织化与农村公共性出现非均衡的状态，难以较好地促进农村的发展，甚至出现迟滞性稳定状态。农民组织化与农村公共性之间的非均衡状态，具体表现如下。

一是农民组织化的政治色彩严重，制约了农村公共性的内在发展。综合组织整合型模式下的农民组织化通过人民公社进行一系列活动，一方面，在农村基层社会自上而下建立了纵深式的权力体系，促进了农村基层社会合法性权威资源的获得。另一方面，其更多的是承担着国家行政的建构作用，忽视了生产力与生产关系相适应、经济基础与上层建筑相适应的客观规律，出现迟滞性稳定状态。二是农村公共性的失衡，过于注重国家公共性的发展。综合组织整合型模式下的农村公共性是通过政治运动、政治权力运作、意识形态灌输等行政性机械整合方式自上而下地把公社的各种生产、组织、人员要素生硬地粘连在一起，一方面，实现了国家公共性的整合，建构了较为强大的国家行政式的公共性。另一方面，却忽视了农民个体的作用与价值，缺乏农村的内生性、自发性；农民个体以其自身理性与道义特点表现出一定的抵抗行为，并以潜移默化或者是默认的方式影响着农村治理。随着人民公社弊端的暴露，农民主体生存发展的需求不断凸显，农业农村现代化探寻着新的发展路径。

Chapter 5
第五章

服务整合型模式

基于以市场组织为载体的市场性公共服务，农民组织化与农村公共性的交互性建构模式转型为服务整合型模式。农民个体与组织间的联系由政策规范层面的“统分结合”变成了“统分分离”，具体表现为农民组织化过程中的“抽象统一”与“具体分离”，制度设计所强调的“尚公重私”异化为实践中的“私扩公缩”。“公”“私”失衡既是“危”，也孕育着“机”。

1958年建立起来的人民公社，经过20多年的实践，证明它束缚了劳动者积极性的充分发挥，阻碍了农业生产的高速发展，完全不适应中国农村生产力发展的状况。1978年，安徽省凤阳县小岗村率先实行“包产到户”，拉开了农村经营制度改革的大幕。《中共中央一九八二年一月一日全国农村工作会议纪要》指出，到1981年年底，全国农村已有百分之九十以上的生产队建立了不同形式的农业生产责任制。目前（1981年年底）实行的各种责任制，包括小段包工定额计酬，专业承包联产计酬，联产到劳，包产到户、到组，包干到户、到组，等等，都是社会主义集体经济的生产责任制；并认为不论采取什么形式，只要群众不要求改变，就不要变动。1983年中央一号文件《当前农村经济政策的若干问题》进行了进一步制度确认，认为影响最深远的是普遍实行了多种形式的农业生产责任制，而联产承包制又越来越成为主要形式。联产承包制采取了统一经营与分散经营相结合的原则，使集体优越性和个人积极性同时得到发挥。这一制度的进一步完善和发展，必将使农业社会主义合作化的具体道路更加符合我国的实际。这是在中国共产党的领导下我国农民的伟大创造，是马克思主义农业合作化理论在我国实践中的新发展。这标志着中国农村进入了以家庭联产承包为基础、统分结合的双层经营体制时期。从1984年开始，农地的占有、使用、收益、处分等四大权能开始在集体所有权与农户承包经营权之间进行新的分割，总的趋势是收缩前者的权能、扩张后者的权能，农地的各项权能不断由集体让渡给承包户（叶兴庆，2013）。1999年3月15日第九届全国人民代表大会第二次会议通过的《中华人民共和国宪法修正案》规定：农村集体经济组织实行家庭承包经营为基础、统分结合的双层经营体制，这标志农地两权分置和双层经济体制在宪法中得到了确认。这一经营体制赋予了农民土地承包经营权，实现了农村土地集体所有和农民承包经营权的分置，形成了统分结合的双层经营体制，释放了中国经济增长的制度红利，改变了中国农民组织化形态和农村公共性建构生态，农民组织化与农村公共性的交互性建构进入了新阶段，形成了服务整合型模式。这一时期以土地制度为基础的农村基本经济制度作为经济基础的重要组成部分，深刻影响着农村的发展，表现在多个方面：人民公社的解体、村民自治的实行、市场经济的深入以及农村税费改革……与综合组织整合型模式相比，基于服务整合型模式的农民组织化在农民个体性逐渐显现的情况下表现出去组织化的特点，同样作为其所表现的农村公共性呈现出国家公共性的消解与个体主体性的建构特点。概而言之,农村经营体制的变革决定了农民组织化与农村公共性建构方式的变革,政策设计与现实实践中的统分关系基本上也描述了农民组织化与农村公共性建构的方式,即抽象统一与具体分离。农业生产方面,人民公社的解体使得农民成为以家庭为单位的、拥有独立决策权的、自负盈亏的生产经营主体。这意味着农民与集体的脱嵌,也昭示着农村公共性建构需要以新的形式来进行。

第一节　农民组织化:抽象统一与具体分离

服务整合型模式下,农村治理在政治因素、经济因素、社会因素与文化因素等多重因素的交互作用下,逐渐打破了人民公社时期的迟缓式发展,影响着农村治理已有的行政生态环境并产生了一些新的特征,中国开始进入体制转型和发展转型的结合或重叠的双重转型阶段。在农村领域,国家行政管理职能从农村领域抽离,实行村民自治。另外,农业税费改革,使得农民个体的自主性与参与政治的权利增加,农村进入乡政村治的新型治理模式。服务整合型模式下的农民个体的积极性得到激发,但是农民与国家之间的关系以一种疏离的状态逐渐显现,农村治理也表现出非均衡状态,即农民组织化的抽象统一与具体分离的失衡状态。农民组织化的抽象统一是国家行政管理职能逐渐撤离农村领域,农民仍旧保留了村集体的成员身份,但是并未充分享受这种身份带来的公共服务,甚至承受着这种身份所伴随的税费负担。农民组织化的具体分离意指农民行为与农村公共性建构呈现出背离状态。实行家庭联产承包责任制与村民自治赋予了农民较为充分的自治权利,同时农民向国家承担一定的税赋义务,展现了农民权利与义务的统一。然而,实际上村民自治在具体运行中出现了种种问题,表现为农民进行民主选举、民主决策、民主管理、民主监督等各方面的问题;税费改革后乡镇政府、村委会与农民之间产生变化,呈现分离的状态。因而,服务整合型模式下的农民组织化呈现出抽象统一与具体分离的状态。

一、农民组织化的主体

计划经济体制向市场经济体制转型,极大地促进了生产与资本要素的自由流动。农村领域以家庭联产承包责任制为核心的经济体制改革激发了人们劳动的积极性，产生了多元利益主体与多种组织形式，从改革开放前党和政府主导的单一主体转变为党和政府、村民自治以及市场与社会组织等多元主体。不同主体之间以利益为核心形成了不同的主体间关系，结成了不同的组织形式，包括村民委员会、农业经济合作组织、农村民间组织与其他社会组织，因而服务整合型模式下的农民组织化主体呈现多元化趋向。

随着改革开放在农村的深入发展，政社分开成为农村发展的必然举措，对农村产生了显著影响。政社分开意味着以政社合一为基础的人民公社解体，也意味着代表国家的新组织的诞生。乡镇政府代替人民公社管理农村社会公共事务，成为农村基层政权的组织单位。但是，当前乡镇政府的管理内容与范围和原来的人民公社相对比存在明显的不同，不能较好地发挥整合农民的功效，如何在保持秩序的前提下使农村充满活力成了亟待解决的重要问题。面对农村一系列组织重新整合的问题，村民自治作为农民自发探索的、适应农村发展的新的整合机制应运而生。1980 年，广西壮族自治区的宜山、罗城两县自发组建村民委员会，协助乡镇政府工作。1982 年的《中华人民共和国宪法》规定村民委员会是基层群众性自治组织，明确其法律地位（中共中央文献研究室，1986）；同时 1983 年《关于实行政社分开、建立乡政府的通知》、1987 年《村委会组织法（试行）》逐步确定了村民委员会的产生、职能与法律指导；1998 年，《中华人民共和国村民委员会组织法》进一步丰富了村民自治的内容，将其确定为一种民主形式，即民主选举、民主决策、民主管理、民主监督。可以看出，村民自治组织是人民公社脱离农村场域之后的又一种组织形式，所不同的是，这种组织形式采用了民主逻辑的治理方式而非行政逻辑主导方式，尽管农民是否具有民主行为能力有待商榷。

另外，政社分开意味着以计划经济为主的基本经济体制的解体，以市场经济为主的新的经济体制在农村逐步确立。随着改革开放的实行，小农经济随着家庭联产承包责任制的确立成为农村的显性要素，家庭重新成为农村生产、生活的基本单位。联产承包为那些本来就脱离土地的农民提供了机会，获得了自由的农民怀着极大的热情寻求向村外发展（张乐天，2012）[387]，部分农民开始摆脱土地的束缚，出现转业或兼业的特征，利用自身资源进行小商品经济或者外出打工等多种形式的家庭经营方式，这也孕育了农民组织化的新契机，即为了解决因农民转业或外出务工而产生的农地闲置问题,农村出现了农业合作社等新的农业经营主体。这些市场组织的产生与发展也得益于市场经济发展所催生的农业生产的高度商品化。小农通过农业产品的售卖,在市场上购买再生产所必需的生产生活资料。但是,商品经济的发展并没有促进农民转型为现代农业新型经营主体,而是逐步转变为"社会化小农"(徐勇 等,2006),即社会化程度比较高的小农户,即"社会化+小农",或者说与外部世界交往密切,融入现代市场经济,社会化程度比较高但经营规模较小的农户。他们既不同于排斥社会化、拒绝市场、对强权具有依附性的传统小农,也不同于采取企业化经营的大农场。他们的行为动机为货币收入最大化。其典型表现为:① 生产社会化。小农家庭在产、供、销过程中的社会化,即产前、产中、产后的社会化。其中,产前的社会化,主要指种苗、生产资料准备过程的社会化(以水稻生产为例);产中的社会化主要指插秧(播种,以南方插秧为例)、犁田、除草、治虫(植保)、收割等环节的社会化;产后的社会化主要指销售、加工和运输程序的社会化。② 生活社会化。即农户家庭日常生活和开支方面的社会化,主要包括教育、医疗保健、日常生活用品支出、赡养老人的社会化,等等。③ 交往社会化。非商品交易、货币支出性的关系,包括人情耗费、政治关系、社会往来等。可以看出,农业的家庭经营需要配套社会化服务体系。这些社会化服务,或者在乡镇政府内部直接由农业服务机构来提供(市场化改革后,这部分机构几乎消失殆尽),或者由村级组织来提供(例如,村民委员会组织提供水利灌溉、农技推广等服务),或者由市场组织来提供。尽管供给主体不同,但都是用货币来支付的,因此,社会化小农面临较大的货币压力。这种货币支付是由市场经济所驱动的,遵循市场逻辑。

同时,随着农民不断融入市场经济,农民的生活水平显著提高、需求更加多样化,基于自身发展需求而产生的农村民间组织和适应社会发展而产生的社会组织在政府与市场之外的"第三域"产生了重要影响,例如红白理事会、志愿者服务组织、社会服务组织等。这些组织也逐步成了农民组织化的核心力量。

需要说明的是,由于服务整合型模式所处的经济发展阶段为农民"富起来"的阶段,农村发展被简化为物质财富的增长,农村社会关系开始逐渐遵循市场逻辑。这导致部分社会组织和经济组织单纯遵循"理性经济人"行为逻辑,为农民组织化的"虚化"埋下了伏笔。

二、农民组织化的动力

在国家宏观政策的变迁、农村社会的自主调适以及市场和社会组织的生长等多重因素作用下，基于服务整合型模式的农民组织化呈现出与人民公社时期截然不同的特点，即党和政府、农民、市场以及社会组织多元动力的混合动力模式而非党和政府主导的单一动力模式。

就农民组织化的外部动力而言，其动力的方向与内涵发生变化。一方面，国家层面的动力方向与来源发生变化。十一届三中全会以来，党和中央政府对国家发展战略进行调整，从“以阶级斗争为纲”转为“以经济建设为中心”，特别是2001年我国加入世界贸易组织(WTO)，也是国家转变政府职能的体现。对此，国家进行了多次政府机构改革，并逐渐确立了以“转变政府职能”为核心的改革方向，切实把政府职能转到经济调节、市场监管、社会管理和公共服务上来(中共中央文献研究室，2003)，我国农村的发展也随着国家宏观战略的调整进入新的发展阶段，这一时期的农民组织化的动力也由政治方面转变为经济生产方面。另一方面，社会层面的动力来源也在发生变化。服务整合型模式下的农民组织化涌现出农业合作社、农村民间组织、社会组织等多元社会组织主体，增加了农民组织化动力的来源。然而，囿于多种原因的影响，这些主体并不能有效地发挥其自身主体的动力作用。例如，农业合作社面临经营资金不足、组织整合能力不足等方面的问题；农村民间组织依然难以很好地为广大农民提供有效的公共服务；社会组织的产生在农村是一个新兴事务，因具有资金不足、认同度不高以及相关政策支持不足等问题而难以提供有效的社会服务。

就农民组织化的内部动力而言，基于服务整合型模式的农民组织化的内部动力与人民公社时期相比也呈现出多元化。内因是事物发展的根本原因，农民组织化的初始动力在于农村社会内部建构的需要。改革开放之前，国家对农村进行高度集中的行政管理，国家权力深入基层，致使农村的公共活动空间压缩，农村公共事务与公共服务皆由人民公社予以提供；家庭联产承包责任制的实行和人民公社解体使得农村公共事务与公共服务难以维持，农村面临治理与发展的困境。囿于农村自身发展的需要，加上家庭联产承包责任制使农民摆脱土地的束缚，农民自发、主动探索出一种新的管理方式即村民委员会。然而，随着市场经济的发展，农民加入市场经济，经济利益成为农民追求的首要目标，社会交往从传统的人情礼节转变为现代意义的经济交往。农民个体性特性日益加强，农民组织化面临缺乏内生动力的困境。

三、农民组织化的过程

基于服务整合型模式的农民组织化是多元主体基于自身发展动力与自身资源进行相互作用的过程。为了便于理解农民组织化过程，需要从不同主体的行为过程进行描述分析。

就农民自身来说，农民作为农村治理的主体，其组织化的行为过程影响着农村的发展。新中国成立以来，农民加入农业合作社、人民公社，通过国家的计划指令与任务分解进行单一的生产；农村家庭联产承包责任制使家庭重新成为农民生产生活的基本单位，同时使得家庭富余劳动力具有从事其他生产活动的可能。农民通过村民委员会、村民大会与村民代表大会进行民主选举、民主决策、民主管理与民主监督，从而推动农村社会事务的有效治理，实现了农村的可持续发展。然而，村民自治制度的实施并不是一帆风顺的，常常内显为乡镇政府在农村的抓手，外显为村民自治组织的“准行政化”，难以真正实现其代表农民意志的目标，进一步使得农民组织化缺乏一定的行为动力。另外，在农村发展中，随着社会的进步与市场经济的发展，农民更多地投入市场经济之中，进一步弱化了农民组织化的动力，其主要表现在两个方面：一是市场经济给农民带来的收入远远高于从事农业本身所带来的收入，使得农民大量外出务工，农村社会事务处于无人治理的状态；二是城市的公共服务供给与农村相比更具有吸引力，外出人员不愿回村，这些人更多的是接受教育的学生、具有一定资本和能力的人，这就使得农民组织化面临着“缺主体”的困境。

就政府组织来说，政府作为国家政权组织形式，往往在农村治理中发挥主体作用，对农民组织化的行为过程仍具有主导性。人民公社在农村解体，公社党委转变为乡党委，乡党委对全乡政权组织、经济组织和群众团体实行统一领导。改革政社合一的体制，建立乡人民政府，将生产大队改建为行政村。农村建立村民委员会，将原大队党支部改为村党支部，对村民委员会、村经济联合委员会及共青团、妇联等群众组织实行统一领导。基层政府的角色转变不到位，经历多次行政机构改革。基层政府一定程度上陷入了“精简—膨胀—再精简—再膨胀”的循环，使得政府管理成本过高。农民组织化的结果难以较好地满足农民的需求，进一步弱化了农民组织化的可能性，使得农民组织化的结果表现出“去组织化”的状态。

就村民委员会来说，政策设计上，村民委员会是基层群众性自治组织，是自我管理的社会组织，这意味着农民与集体之间的连接，意味着村民自治委员应扮演着农村公共性的建构者角色。政策设计上的乡镇政府与村民委员会之间的指导与被指导关系在实践中有时异化为了领导与被领导关系，这种连接所承担的公共性建构功能也随之消解，农民与村委会乃至国家的联系异化为了沉重的税费负担关系。因此，村民委员会在实践中并未扮演好其应有的公共性建构者角色。现实实践层面上，两者之间有时表现为领导与被领导之间的关系，村民委员会只是形式意义上的自治组织。服务整合型模式下的村民委员会承担着完成上级政府下达的行政任务（例如，“农业税”“三提五统”①和计划生育事务）的重任，这直接导致了“三农”问题凸显，表现为农民负担沉重、干群关系紧张、村级债务增加等（贺雪峰，2018）。这些行为弱化了基层政府和村民委员会的公共性建构功能。

就其他性质的组织而言，它们在农民组织化过程中更多的是处于摸索与成长阶段，对农民组织化的行为过程具有双重性。如前所述，这一时期的农业合作社、农村民间组织以及社会组织面临组织化动力不足的问题，因而使农民组织化的内容与范围受到限制，并不能有效地参与农民组织化的过程。

四、农民组织化的结果

基于服务整合型模式的农民组织化是国家宏观战略变革所引起的农村社会组织主体、动力及其方式相互作用的结果。其重点在于以家庭联产承包责任制为核心的农村经济制度的变革，以及市场经济在农村的深入发展，引发了农村的全面变革，促使农民组织化发生显著性变化。

家庭联产承包责任制解放了农村的生产力，为农民从事其他非农活动提供了可能，进一步分化了农民个体之间的关系，强化了农民组织化所需能

① “三提五统”指村组公益金、公积金、管理费三项村提留和教育费附加、民兵训练、优抚、计划生育、民办公路建设等五项乡镇统筹。

力的强度。土地是农村发展的基本生产要素,具有经济属性与社会属性的双重功能。改革开放之前,计划经济体制下农民在土地上从事劳动生产;改革开放以后,市场经济的实施使得计划经济体制下的包产到组、包产到户等一系列探索显现出来,并于20世纪80年代在全国范围内对安徽省小岗村的土地制度改革进行推广,其经济属性也显现出来,特别是1994年分税制改革产生了"土地财政"的困境,使得人民公社时期的农村集体利益分化为农民个体的经济利益,农民组织化的经济基础更加薄弱。

家庭联产承包责任制作为农村的基本经济制度,必然引起农村其他方面的变革。政治与行政体制方面,实行政社分开、村民自治,乡镇政府代替原来的人民公社行使职权,利用农村社会资本实现农村有效治理,减少政治成本,以制度与法律的形式推动了农民组织化的发展。然而,在实践中,这一组织化的动力有时被基层政府所"捕获",使得村民自治成为形式上的自治。税费改革之前,村委会往往承担着乡镇政府征收农业税费与"三统五提"农村税费以及其他政策落实的直接执行者。在这一过程中,村委会听从乡镇政府的指令办事,并不能真正发挥村民自治的作用;税费改革之后,国家取消了农业税的征收,并以强农惠农富农政策直接补贴农民,一方面改变了农村的利益格局,农民与村委会、乡镇政府之间的关系发生转变;另一方面政府与农村之间的联系方式,从原来的"汲取"型转变为"服务"型,但是由于政府管理方式的落后、农民参与农村事务的积极性薄弱,使得农民的个体化更加明显,农村治理难以有效整合发展资源,呈现分离的状态。

与家庭联产承包责任制在农村实施相伴随的是农村的市场化进程。这种市场化进程并没有仅仅停留在经济领域,而是深入农民日常社会文化生活,逐步成为农民日常生活乃至基层治理的主导原则,形成了农村社会生活市场化、社会关系利益化、农民交往功利化的局面。农村呈现出以市场性彰显和公共性消解为主要内容的价值失衡,典型体现为经济个人主义的盛行、市场化社会的形成和公共空间的衰退与功能弱化。这对农村公共性建构造成了消极影响。

如果说市场"占领"农村是中国市场化进程的必然结果,那么政府等国家行政管理职能在农村的退却一定程度上加速了农村公共性的衰退。根据一般规律,与市场化进程相伴随的往往是以社会保障为主要内容的公共服务体系的全面建立,国家通过供给公共服务来消解市场化所造成的公共性消解状态。但是事实上，国家在当时的农村并未建立以社会保障体系为核心的公共服务与产品供给体系，并未很好地承担化解或减轻农民生存和发展过程中所面临风险的责任与义务。农民面临承担和解决因社会转型所导致的一些风险。这种生存与发展状态直接导致农民对乡村共同体乃至国家的归属感、认同感有所降低，间接助长了农村社会化的原子化发展趋势。将经济从国家的支配型社会主义机制中“解放”出来，同时将个人从无所不包的城市单位和村集体等社会主义机构中解放出来，这导致了一种有限的、国家认可的个体化过程。在此过程中，个人被告知必须发挥自己的主观能动性（贝克，2011），这对农村公共性建设产生了消极影响。

第二节　农村公共性：个体价值张扬与集体价值虚化

农村公共性是作为个体的农民与政府等其他组织相互作用所产生的结果。服务整合型模式下国家宏观政策的变迁与农村微观管理模式的变革以及农村内生动力与活力的生长，使得其农村公共性的内涵有别于其他模式。

一、农村公共性建构的政策生态变化

就国家宏观政策变迁而言，服务整合型模式下我国经济处于高速发展的阶段，特别是加入 WTO 以来，国家政策为适应环境的变化不断进行调整，并影响着农村的发展及其公共性的构成。其最主要的在于实行改革开放，建立市场经济体制；改革开放意味着农村的公共空间扩大，一定程度上打破了户籍制度对农民的束缚；而市场经济是自由、效率的代名词，这不同于计划经济，市场经济加速了农村资源的流动以及农民个体意识的增强，在一定程度上重新塑造了农村社会的价值理念。宏观政策的变迁及其价值理念指导微观层面的运用，而微观层面的操作又反过来影响宏观政策的进一步调整。在农村，国家行政管理职能从基层社会抽离，国家行政管理职能退到乡镇一级，微观层面上改变了原来的管理模式。在行政体制方面，政社分开，建立乡镇政府，实行村民自治，使得农民参与农村社会事务的积极性得到激发。在经济体制方面，推行家庭联产承包为基础、统分结合的双层经营体制，提高了农民的生产积极性，有利于农村的发展。

然而，国家宏观政策在农村基层社会的落实面临着多种问题，使得这一

时期的农村公共性的发展也并不如设想的那般美好甚至出现了消解的困境。村民自治出现形式化、行政化，主要表现在两个方面。一是乡镇政府与农民之间缺少联系，乡镇政府并未在农村建立起与农民直接联系的承担相应公共职能的组织机构。二是国家要求乡镇政府对农村进行有效管理。国家行政管理职能从农村抽离，并没有减少对农村的管理，往往通过国家宏观政策对乡镇政府提出要求，而国家宏观政策更多的是指导性的作用。因而在具体实践操作上，乡镇政府有时会凭借其自由裁量权要求村委会配合完成行政任务，并使村委会逐渐演化为乡镇政府的“代理人”。这就使得村民自治功能的缺失，并影响了农民参与社会自治的积极性。

二、农村公共性建构的社会基础变化

农村公共性建构的社会基础变化主要体现为农民个体的原子化。家庭联产承包责任制的实行，其潜在效应便是促使农民个体意识的增强，并在农村社会呈现“原子化”的状态。农民从集体化生产中退出，家庭重新成为生产单位，个体自主性增强，农民与政府之间的关系逐渐弱化，特别是农业税费改革之后，农民的原子化程度更加明显。农民更多地倾向于追逐个人利益与家庭利益而忽视了农村社会集体利益。同时，在市场化发展过程中，为了追求更好的生活，农村大量精英与青壮年向城市流动，使得农村公共性的发展缺乏个体基础，进而弱化了农村的公共交往与其交往过程中所产生的公共意识。

三、农村公共性建构的“私”扩“公”缩

服务整合型模式下的农村普遍存在着公共性缺失的问题。一方面，农民对农村集体的依赖性减弱。农村大部分青壮年在外务工或经营小生意，使得农民的个体理性逐渐增强，与农村集体的联系更加松懈；在公共服务的供给方面，常常充斥着理性判断，使得采取符合公共利益的合作行动具有较难调和的矛盾。另一方面，干群关系的矛盾弱化了农村公共性的发展。农业税费改革之前，农业税的征收使村干部在农民心中的权威式微，村民很少讨论村干部的话题；税费改革之后，农民与村干部的联系明显减少。被调研的农民表示，一般情况下很少与村干部打交道，若是有事情，村干部会挨家挨户地上门联系。另外，基层政府服务能力的不足制约着农村公共性的发

展。在农民合理维权的过程中，有时农民难以通过正式的组织渠道进行快速维权，有时会依靠传统血缘与地缘关系进行维权，这在一定程度上消解了已有的公共性。

然而，需要注意的是尽管服务整合型模式下的农民由于个体自主性的增强与利益需要的差异参与不同的组织，但是当农民个体之间的利益需要具有一致性时，同样会采取一致性行动维护自身利益。这一现象可以通过村内河水污染问题进行佐证。

2007年左右，在乡镇集体大办企业的风潮下，编织袋清洁厂在村内河流附近悄然建立。这一河流是全村人民生活用水的来源。然而，由于编织袋清洁厂使用之后的水不经处理就直接排入河流，不到半年河流水质下降，河流附近充斥着恶臭，影响了村内农民的生活。在这一情况下，部分村民主动与工厂负责人协商，要求对废水进行处理，协商未果。面对这一情境，村民形成临时性群体组织，集体到乡镇进行上访，但问题同样未予解决。农民组织的维权陷入了困境。后来通过村民的亲戚帮助，村民利用熟人社会关系帮助进行上访，县环保局经过水质检测强制要求工厂关闭。至此，持续了近半年的水资源维权问题才得以解决。①

从上述事件中，我们可以看到农民主体在共同目标一致时所具有的进行组织化的需求，同样也可以看到农民组织因缺少一种正式渠道使其个体性的"私"转为具有普遍意义的"公"。因此，服务整合型模式下的农村公共性呈现出代表个体性的"私"的扩张和代表国家公权力的"公"的缩小。

第三节　服务整合型模式下农民组织化与农村公共性的交互性建构

在服务整合型模式下，市场化逻辑在农业农村领域的深入发展逐渐占据了主导地位，导致农民在整体上趋于"去组织化"状态的同时，又以各种各样的、基于利益联结的经济组织联结起来，尽管这种联结比较脆弱。这种"去组织化"状态导致农村公共性呈现出断崖式下降，弱化了农业农村领域中人与人、组织与组织、人与组织间的内在关联。

---

① 资料来源：笔者的实地访谈。

一、农民去组织化对农村公共性的影响

在服务整合型模式下，家庭联产承包责任制与村民自治推行，农民逐渐以个体的身份参与农村治理，农民从计划经济时期的被动参与转变为市场经济时期的主动参与，能够以多种渠道获取生存和发展资源。这一模式下国家政权对农村社会主体的管理空间与权利的让渡，一方面表明农村治理主体的多元化，农民能够从农村资源获取生存资料、满足生存需求并取得一定的发展；另一方面也意味着国家公共权力领域的缩小，使农民个体性得以建构、国家政治公共性却面临消解、农民呈现去组织化的状态。在服务整合型模式下，农民去组织化对农村公共性的影响主要有以下三点。

第一，农民去组织化表现为农村公共性主体的原子化。这一模式下的农民呈现去组织化的状态，主要表现在两个方面。一是农民个体意识的增强，并未得到及时引导，致使农村公共性的发展缺乏内在动力。在农村这一场域中，村民自治激发了农民的自主意识，有利于农民向具有现代意义的公民转变。在这个方面上作为公共性存在基础的农民个体意识的增强，有助于农村从传统国家行政建构的公共性方面实现转变。然而，随着人民公社解体，其相应的组织机制并未建立，使得国家正式组织缺乏与农民个体之间的联结，农民开始呈现出原子化的状态；同时由于缺乏自治传统和公民社会力量弱小，村民自治作为基层群众自治性组织在实际操作中有时会充当乡镇政府的代理人角色，进一步弱化了农村治理的主体性角色、强化了农民的原子化状态，使得农村公共性缺乏内在的发展基础。二是农民自身需求日益多样化，并未得到有效满足，促使农民寻求满足其发展需求的新途径，这就使得原有的农村公共性的发展路径面临困境。一方面，人民公社时期产生的城乡发展差距和城乡之间的公共服务提供不均衡等难以满足农民的需求。例如公共基础教育、公共设施、公共医疗等，使得农民对城市充满向往，缺乏对农村公共性的认同感。市场经济的发展与家庭联产承包责任制的实施，从实践可行性层面为农民主体需求的满足提供了经济基础，并且在此过程中，农民的个体意识与自主意识不断增强并反过来影响农民的个体行为，使得农村社会的原子化倾向加强，弱化了农村公共性的共在特性。另一方面，政府向服务型政府的转变，逐渐减少了对社会管理，同时国家并未建立起适度干预农村公共性的有效组织模式，使得农村公共性的发展难以有效

整合农民个体而呈现出碎片化的现象。

第二，农民去组织化改变了农村公共性产生的过程。农村公共性的产生过程是农民之间的联结过程。这一模式下实行政社分开，建立乡镇政府，实行村民自治，国家行政管理职能逐渐从农村抽离，加上以家庭联产承包责任制为主要内容的农村经济体制改革，就此而言，政治行政体制的改革与经济体制的改革共同重新建构了农村社会主体之间的联结。如前所述，农民的去组织化使得农村公共性的主体呈现原子化状态。如马克思基本理论所述，人为了满足其生存发展需求，必将进行各种组织形式的活动，这就使得以个体为基础的农村公共性的主体之间的联结发生变化，其表现出两种情况：一是社会强势群体抱团化；二是社会整体“碎片化”状态。随着农村的发展，农村内部阶层分化，其中政治权力或经济影响力较大的农民以较快的速度与其他农民个体拉开差距，基于利益关系重新聚合而形成超越血缘、地缘的新的群体关系。群体之外的农民个体不能有效地整合，孤立地进行日常生产，处于农村治理的边缘化状态。在农村治理过程中，“富人治村”“能人治村”就是这方面的生动说明。有些村庄的治理长期由同姓氏的人员治理，使得农村公共性的发展缓慢。另外，农村公共性的联结既表现为物质资源层面的联系，也表现为农民个体的“原子化”状态。农民之间的联系由血缘、地缘关系演变为基于利益的业缘关系，传统的帮工、帮扶逐渐消失，甚至农村社会的红白事情也由红白理事会代替了原来的基于地缘的自愿帮助。

第三，农民去组织化弱化了农村公共性的程度，具体表现为农村公共性的公共意识缺乏。公共意识是农村公共性的核心所在，可以说农村公共性便是农村公共意识。农村公共意识往往通过农村公共性的主体及其之间的相互关系显示出来。如前所述，这一模式下的农民个体呈现原子化状态、农村公共关系呈现碎片化状态，这充分显示了农村公共性的内涵面临内生动力不足、外部行为缺乏，致使其公共意识难以形成。同时，意识具有反作用，积极的意识能推动事物的发展，消极的意识会阻碍事物的发展。农村公共意识的不足反过来作用于农村公共性主体及其行为过程，使得农村公共性的问题更加严重，进一步阻碍了农村的发展。

二、农村公共性对农民去组织化的影响

在服务整合型模式下，农村公共性不同于人民公社时期的公共性，主要

表现为个体性的“私”的扩张、代表国家公权力的“公”的缩小的特征，其作为农村发展的基础本质，深刻影响农村的发展。如前所述，农村公共性作为价值观念形态并不直接作用于农村发展，而是以某种的组织形式为载体表现出来，因而其具体内涵对农民去组织化产生直接影响。

农村公共性对农民去组织化的影响，表现在农民组织化主体的缺失及其动力的缺乏。农村公共性包含多个层面，在宏观层面上，农村公共性受到国家宏观战略和整体政治环境、社会环境的影响。这一模式下国家整体从计划经济转变为市场经济，农村公共性内涵也发生转变，由政治层面的公共性向政治层面与经济层面共存的公共性转变，这就决定了作为其表现载体的农民组织化的变化。在农村治理过程中，乡镇政府承担了一定的管理职责，但由于国家行政管理职能逐渐从农村抽离出来，乡镇政府并不能较好地承担其职能，使得农村社会公共服务的提供者出现缺失的现象。另外，这一模式下农民个体意识逐渐增强，农村社会的“原子化”状态弱化了村民自治的实行。在具体实践过程中，由于相关政策目标的模糊性与标准的不确定性、乡镇政府管理能力不足与管理意识不强以及农民群体的自治能力与意识的缺乏，使得农民组织化的发展面临困境、农村治理逐渐异化。在国家制度层面上，就农村治理政策而言，农村公共性所面临的缺失问题弱化了农民组织化的动力机制与过程逻辑。尽管1982年的《中华人民共和国宪法》对村民自治做出了明确规定，但是具体政策与相关配套措施并未明确规定，村民自治在农村中处于不断摸索的阶段，例如吉林省的“海选”制度、河南省的“四议两公开制度”。直到1998年《中华人民共和国村委会组织法》的正式颁布，直接影响了乡镇政府在具体执行方面的举措。农村治理面临两个显著问题：一是村干部在组织管理农村上缺乏组织动力与能力，二是农民由于村干部的不作为难以参与农民组织化。这从侧面反映了农村公共服务者创新能力的缺失所造成的农民组织化结果难以为继的局面。

就村民自治组织与乡镇政府而言，农村公共性的消解改变了农民组织化在农村基层社会的具体表现。农村公共性改变了乡镇政府与村之间的关系，弱化了组织之间的关系，改变了原来的组织之间的交往方式。乡镇政府以村委会为中介组织重新与农民建立了联系，村委会由自治性质的组织变为类行政化的组织，其具体表现在两个方面：一是国家与农民之间的联结缺失，使得农民作为个体直接与国家打交道，而作为原子化的农民个体往往缺乏与国家组织建立联系的能力与渠道，从现实可能上阻止了农民参与农村组织、弱化了农民的组织动力；二是乡镇政府以村委会这一群众自治性组织为中介与农民联系，其暗含了乡镇政府责任的转移，容易造成权责不清、权责不平等致使农村治理出现不同的问题，这在深层次上消解了农民组织化的动力。从农民组织化主体与动力的具体表现不难看出农民组织化发展演进的逻辑。事物的发展是由内因和外因决定的，农民组织化主体的缺失必然导致农民组织化与动力的不足。同样，农民组织化的主体与动力往往在具体的实践过程中相互作用以实现农民组织化的预期结果，因而农民组织化主体的缺失与动力的不足必然导致农民组织化过程难以协调、农民组织化目标难以实现。

第四节　小　　结

伴随以家庭联产承包责任制为核心的农村基本经济制度的确立以及农村税费改革，农业农村现代化从国家行政介入式发展转变为国家悬浮式治理，农村进入乡政村治阶段。然而，由于国家行政管理职能从农村撤离时新的管理体系并未建立，加上农业农村现代化主体的农民个体化趋向明显，服务整合型模式下的农民组织化与农村公共性出现了不同的变化，农民组织化在农民个体逐渐显现的情况下表现出去组织化的特点，同样作为其所表现的农村公共性呈现出国家公共性的消解与个体主体性的建构等特点。

基于服务整合型模式的农民组织化与农村公共性并未获得一致性发展，农业农村现代化模式面临改革的需要。一是农民面临去组织化的状态，难以有效实现其组织功能，进而弱化了农村公共性的表现。一方面，农民去组织化改变了农民之间的联结方式，更多的是基于利益需要进行交往，农民去组织化状态与原来的农村公共性的基本载体呈现出不一致的表现，这就使得农民去组织化不能较好地满足农村公共性载体的需要；另一方面，农民仍对组织化有需求，促使农民寻求其他的组织方式，因其组织方式的多样性与复杂性，往往难以符合农村公共性发展的需求。二是农村公共性的弱化，难以促进农民组织化的发展。一方面，国家层面的公共性在农村的弱化，使得农民组织化在其过程中缺乏正式权威的动力机制，难以规范其组织化的发展；另一方面，农民个体的意识增强，农民对组织的需求更加多样化，但农村社会组织的发展并未有效促进农村公共性的发展。不可否认的是，服务整合型模式下国家与地方政府在农业农村现代化方面做了积极性的探索，但是在农村发展过程中需要注意的是，土地这一农村生产资料的基本要素具有经济与社会保障的双重功能，以及农村主动适应社会发展的动态性，以保证农民在农业农村现代化过程中实现可持续性发展。

概而言之，国家行政管理职能从农村的退出意味着农民组织化与农村公共性建构的行政主体消失，村民委员会在实践中又难以成为实质性的公共性建构主体。随着农村市场化进程的加快，市场组织开始扮演公共性建构角色。但是，市场主体的本质属性决定了其所建构的公共性是一种弱公共性。组织结构/联结机制方面，主要依赖于以市场组织为载体的市场性公共服务。活动/规则方面，农民开始遵循市场逻辑，个人主义价值观开始出现。农民个体与国家、集体的联系由政策规范层面的"统分结合"变成了"统分分离"，农村公共性建构也呈现出"抽象统一"与"具体分离"的特征。"抽象统一"意指农民仍旧保留了村集体的成员身份，但是并未充分享受这种身份带来的公共服务，甚至承受着这种身份所伴随的税费负担。"具体分离"意指农民行为与农村公共性建构呈现出背离状态。中国的个体化进程确实给个体公民带来了更多的流动、选择和自由，但国家却没有给予充分的制度保障与支持。中国的个体为了寻求一个新的安全网，或者为了再嵌入，被迫回到家庭和私人关系网络中寻求保障，等于又回到他们脱嵌伊始的地方（阎云翔，2012）。因而，服务整合型模式下的农民组织化实际上是去组织化模式，农村公共性建构因失去强组织依托而呈现出弱化乃至虚化的状态，公共性存量呈现断崖式下降。

农地“三权分置”是在农地“两权分置”所坚持的土地集体所有的基础上，将承包经营权独立为承包权和经营权，并规定所有权归集体所有、承包权归农户所有、经营权可以流转。由于农地制度形成了所有权、承包权和经营权并置的格局，故称之为农地三权分置。农地三权分置并非强制性制度变迁，并非外生制度对农村经济社会的强制性嵌入，而是中国农村农地制度在农业生产实践中逐步演化的产物。早在 2002 年 8 月 29 日通过的《中华人民共和国农村土地承包法》中，就规定了通过家庭承包取得的土地承包经营权可以依法采取转包、出租、互换、转让或者其他方式流转，这说明 21 世纪初的中国农村已经萌生了三权分置的想法。在政策层面，农地三权分置提法始于习近平同志于 2013 年 7 月在湖北省调查时所强调的，完善农村基本经营制度，要好好研究农地所有权、承包权、经营权三者之间的关系。2013 年 12 月，习近平同志在中央农村工作会议上的讲话中明确提出，落实集体所有权、稳定农户承包权、放活土地经营权。2016 年 10 月，《关于完善农村土地所有权承包权经营权分置办法的意见》指出，顺应农民保留土地承包权、流转土地经营权的意愿，将土地承包经营权分为承包权和经营权，实现所有权、承包权、经营权分置并行，着力推进农业现代化，是继家庭联产承包责任制后农村改革又一重大制度创新。这是对农地三权分置的进一步阐释。此后，“落实集体所有权、稳定农户承包权、放活土地经营权”成为农村政策性文件的主线。农地三权分置标志着我国农业农村现代化进入了崭新阶段，同时也是新时代我国经济社会发展对农村的客观要求。我国处于从高速发展向高质量发展转变的阶段，市场化改革的深入进行使得保障社会治理主体的利益势在必行，特别是解决农村集体经济组织和承包农户的合法权益的保障问题，以确保农业农村现代化的如期实现。尽管如此，与农地两权分置一样，农地三权分置也只是农村土地制度的创新，并未突破农村统分结合的双层经营体制，而是对其在新形势下的发展，并被赋予了新的内涵。例如，将其置于农业供给侧结构性改革、乡村振兴等场域之中，赋予了其新的重要性和内容。因而，在三权分置这一新的发展阶段，农民组织化与农村公共性的交互性建构新形态可以称之为价值整合型模式。

第一节　农民组织化:多元协同

三权分置的实施是在我国土地流转的现实需要与国家城镇化建设的双重推动下进行的。我国进入中国特色社会主义新时代,从高速发展阶段转变为高质量发展阶段,社会主要矛盾转变为人民日益增长的美好生活需要和不平衡不充分的发展之间的矛盾,这就使得国家整体发展方向发生了转变。在农村领域表现为乡村振兴战略的全面实施,农村开始以战略意义的姿态与国家战略联系起来。三权分置作为农村土地制度,从现实意义上以经营权流转的方式改变了农村原有的利益关系,为更多人才、资本、信息、技术赋能农业农村现代化提供了可能性,在此基础上重塑了农村的多元格局,使得农业农村现代化呈现新的治理模式,农民组织化进入了新征程。

一、农民组织化的主体

组织化是现代农业发展的关键和组织基础,如何促进小农与大社会、大市场接轨是推进中国乡村治理和农业农村现代化的永恒话题,在新时代显得更为迫切。21 世纪初,国内有学者针对"小农"与现代经济社会发展之间的适应问题,提出了"社会化小农"分析框架来解释中国乡村治理及其转型,认为应该通过建构完善的社会化服务体系来提升农民自身的能力。时至今日,关于走什么样的"农业现代化"之路的争论日趋激烈,学者们对当前的农民组织化实践模式进行了概括。例如,有学者概括为农业产业化经营带动模式、农民专业合作社模式、现代公司制企业模式、传统农村合作组织的改造转型模式、社区性集体经济组织模式、生产服务的组织化提供模式(张红宇,2007);有学者将农民组织化模式概括为龙头企业推动模式、农民专业合作社模式、农民经纪人模式以及政府主导模式(蒋永甫 等,2013)。叠加农地两权分置时期的乡镇政府、村集体组织、农村社会组织等主体,农民组织化形成了多元化局面,即主体多元化、逻辑多元化。

(一) 乡镇政府

随着国家治理现代化的深入发展,乡镇政府作为基层政权,其职能角色的定位更加清晰,更加规范化、制度化与科学化。在职能角色方面,其主要起着承上启下的作用，一方面承担着国家政权自上而下地实施其政治经济统治的根本职能与社会保障的基本职能的角色；另一方面承担着农民自下而上地反馈其生存与发展需求并予以满足的角色。同时，我们需要注意的是现代社会中科学技术的创新发展，使得社会面临更多的不确定性与高度的复杂性，对基层政府的治理能力提出了更高的要求。因而，作为基层政府及其管理人员应积极主动适应新发展需求，提高自身服务能力与水平以发挥好掌舵者与服务者的角色。

（二）村集体组织

村集体组织是在农村这一场域中，基于地缘关系的经济利益关系内在地发展出来的各种群体或组织，主要是指村集体经济组织、村民自治组织。村集体组织作为农村的组织形态，往往起着凝聚力量、满足农民基本需求的作用。其中，村集体经济组织、村民委员会或村民小组分别在农村经济发展与村民自治方面发挥着重要作用，并且伴随着村民自治制度的不断发展与完善，农民权利意识与参与意识更加强烈。无论哪一种组织形式，在农民组织化的过程中都应积极发挥其组织的内在功能，参与组织化主体的运用以增加组织化的内在发展动力与基础。

（三）农民

农民是农业农村现代化发展的核心。我国的国体是人民民主专政。以人民为中心，人民是国家、社会发展的根本所在，因而在农业农村现代化发展过程中，只有实现农民自身的发展才能真正实现农业农村现代化的发展。价值整合型模式下农民内部也随着农业农村现代化的发展不断分化，农民主动寻求多种发展机遇，主要在于两个方面：一是土地转出以从事其他行业；二是土地转入形成规模经营，即新型农业经营主体。同时，不同状态的农民主体应区别对待，但目的不变，即将其组织起来，形成农业农村现代化发展的合力。应特别注意的是，新型农业经营主体，例如家庭农场、农民专业合作社与农业规模经营企业不同于村集体经济组织、村民委员会或村民小组，是三权分置以来农业农村现代化发展过程中出现的符合现实需要的一种新型的组织形式，需要更多的支持与帮助以实现农村农业的有效发展。

（四）农村社会组织

农村社会组织是不同于政府与市场的社会组织，在农业农村现代化进程中充当公共事务和公共服务供给的补充作用，能够在一定程度上弥补公共服务的不足。这一时期社会组织在农村仍然处于发展阶段，多以非正式的组织形式出现，其正式的组织数量较少，常常与其他行为主体合作提供服务。另外，正是由于其非正式的形式，农民对组织的认同度不高；同时，农村社会组织也面临着行政化、资金不足以及政策规章不健全等问题，以致其长效运行与互动成为其发展的重要方面。尽管如此，当前农村社会组织在乡村振兴中也做出了重要贡献，因而，需要认真对待。

二、农民组织化的动力

基于价值整合型模式的农民组织化是在服务整合型模式下的农民组织化的基础之上不断调试、渐进发展的，因而其组织化的动力既具有服务整合型模式下的特点，又具有适应新发展需求而呈现出的新的特征，总体表现出来的是各农民组织化主体的动力普遍加强，既包括国家层面的政治动员与合法性的动力机制（王文龙 等，2020），又包括农民个体及其组织的推动作用所产生的动力机制。

在国家宏观层面上，国家的关注持续加强，使得农民组织化的动力获得政治支撑，主要表现在两个方面：一是政策支持持续下达；二是乡村振兴战略全面实施。国家连续多年以中央一号文件的形式关注“三农”问题的发展，既包括农民自身的经济收入与发展，也包括农业农村现代化的建设。长期以来中央一号文件为农业农村发展提供了方向指引，提供了强有力的政策支持。而乡村振兴战略进一步将农业农村现代化从全局上进行整体规划，为有效整合农业农村现代化资源提供了具体的政策建议，避免了农村治理的碎片化，使得农业农村现代化能够形成发展合力。

在具体政策执行的微观层面上，农民组织化的动力也持续强化，主要表现在两个方面：一是基层政府角色的转变以及能力、素质的提升；二是农民自身个体意识与参与意识的强化。就基层政府而言，国家对基层政府的管理日趋规范化、制度化，并着力进行简政放权，致力建立共建共治共享的社会治理格局，改变过去管理过严、一刀切的管理模式；同时，基层政府作为国家政权的农村社会代表，其权力来源既有政治权力，也有人民授权，因而作为理性人的工作人员囿于职位晋升等缘由，其行为动力必然受到国家动力的影响。另外，当前大量驻村干部、大学生村官以及其他高学历人员深入农村，改善了农村治理的方式，影响了农村的发展，为农民组织化提供了直接的外部推动力。

就农民自身而言，农民的个体意识与参与意识强化。随着市场经济的深入发展，农民受到市场化的影响加深。在此过程中，农民的个体意识不断增强，激发了农民为了更好地满足自身的需要采取积极的行动；同时，在市场化的影响下，农民的角色发生转变，从过去的身份象征转变为职业特征，加上农业的产业化发展，使得农民对于自身的认同感增强。更重要的是，九年义务教育的普及提高了农民参与社会治理的能力与意愿，为农业农村现代化提供了人才资源。需要注意的是，农民能力提升的同时常常加快了农村人口的流出，弱化了农民组织化的程度。因而，适应农业农村现代化的新型经营主体为解决这一问题提供了可能动力。

就农村社会组织而言，农村社会组织与政府、村集体组织以及农民相比，具有自身的发展优势，能够为农业农村现代化提供专业化、公益性的服务。农村社会组织一开始成立的初衷是基于其价值理念的实现，而农村这一场域为其价值理念的实现提供了活动空间。另外，农村社会组织并不是单纯的乌托邦，具有自身的组织利益需求，其组织成员和其他组织成员一样也具有自身理性，这就决定了其参与农民组织化的动力来源。

三、农民组织化的过程

在价值整合型模式中，农民组织化的过程是多元主体在农村这一场域互动的具体表现。这一模式中多元主体的参与及其行为动力的差异化和多元主体相互作用、彼此联结，使得农民组织化的过程呈现网格化的状态。

就政府治理模式而言，当前农村实行网络治理，通过利用数字化、信息化等技术，将农村这一场域范围内的人员、事务、资源、组织等整合起来，以加强和实现农村社会事务的有效治理。这一治理方式使得农民组织化的程度进一步加深，主要体现在以下两个方面。一是农民组织化主体的协同。农村社会网格化构建了党组织领导、乡镇政府引导、村集体执行、农民以及新型经营主体与农村社会组织共同参与的多元格局。这种多元格局以党组织为领导可以避免组织化的虚弱，同时可减少农民个体或其他组织的原子化状态，实现多元主体的共在。另外，这种多元主体共在的局面在党组织的有力领导下，能够有效整合资源，发挥各主体的正面效应。二是农民组织化过程的统筹。网格化治理模式将网格内外的人力资源、信息资源与技术资源以及管理资源进行整合，并通过数字化等政府服务平台解决问题，极大地提高了政府的公共服务能力，同时避免信息多次存储造成的治理成本，进而提高了公共服务与政府的公信力。更为重要的是，网格化治理模式改变了原来的消极管理的行为方式，明确网格职责与义务，借助互联网信息平台及时发现问题，将问题解决在爆发之前。当前农村治理模式是党和政府在农民组织化过程中起主导作用的比较理想的管理方式，能够使各行为主体积极参与农村社会事务，避免社会治理过程中的“集体行动的困境”。然而，面对网格化治理模式，需要进一步思考党和政府与农民、社会组织之间的张力以及党政系统内部的张力等问题，其缘由在于网格化治理模式更多体现的是农民组织化中的“他组织”而非“自组织”，而实现农业农村现代化的长久发展更需要内部动力。

就农民组织化的“自组织”而言，农民是农业农村现代化的核心，其自身的发展很大程度上影响着农业农村现代化。农民“自组织”的表现形式为村集体经济组织、村民自治、农村社会组织。经济基础决定上层建筑，村集体经济组织成为当前解决农民组织化的基础力量，在具体实践中，各地以经济发展为着手点积极探索适合自身发展的农民组织形态，以生态旅游为载体，通过引入工业或者土地流转拍卖土地或者鼓励新型经营主体、培育新型农民等多种方式发展农村集体经济。对于这一问题，需要注意到：农民是否可以分享集体经济发展带来的红利。村民自治是基层群众自治性组织，农民在农村这一场域中通过民主选举、民主决策、民主管理、民主监督实现自我管理、自我教育、自我服务。当前随着新型经营主体的不断出现，既要鼓励支持新型经营主体积极参与农村社会事务的治理，同时又要处理好原已居住的农民与新型经营主体之间的关系，以实现农业农村现代化持续发展。另外，农村社会组织以其自身的组织优势积极促进农业农村现代化。

四、农民组织化的结果

较之于基于服务整体模式的农民组织化程度，该阶段的农民组织化程度有所深化发展。党的十八大明确提出，加快形成党委领导、政府负责、社会协同、公众参与、法治保障的社会管理体制（中共中央文献研究室，2014），随着多元主体的共同参与，各行为主体及其行为动力彼此之间相互联系、相互作用，价值整合模式下的农民组织化的程度并不是政府或者农民、农村社会组织之间简单的合作，还包括上下级政府之间、乡镇政府内部以及基层政府与农民、农村社会组织之间的合作和冲突，这使得农民组织化的程度更加深入，显示出互助共赢的结果(王文龙 等，2020)。

(一) 基层公共服务方面

在基层公共服务方面，加强农村基层组织建设，改变过去基层组织涣散、无力的状态，提升了农民组织化的程度，进一步提高农业农村现代化公共服务能力与水平。农村加强党组织建设，以党支部为抓手，统筹农村治理工作，以网络治理的方式，将农民组织化的主体、资源、事务等农村发展因素整合起来，有效地提高了农民组织化的效率与水平，同时能够改变农民组织化其内在能力不足的困境以避免农民群体性的边缘化，进而增强了农民组织化的程度和组织化认同度与归属感。“2017—2019 周期国家卫生乡镇(县城)”的评选便是一个较好的例证。当谈及农村公共服务时，农民主动告知所在乡镇被评选为国家卫生乡镇，并表示当前农村环境卫生等各方面都得到了有效治理。农村生活的满意度极高，使得农民组织化的结果显现出积极的效果。

然而，尽管农民组织化取得了一定的成效，但是也面临一些问题，公共服务的供需矛盾、公共基础设施供给不足、公共服务制度不健全、农民之间需求难以满足等发展问题，使得农民组织化的长久动力与实质性发展问题凸显。例如，当前基层社会治理过程中农民组织化的形式主义问题。有多数基层干部、村干部表示当前的工作“留痕”过于严重，花费的时间远高于实际处理工作的时间。同时在当前乡村治理中，针对上级下达的指令，下级存在不顾实际情况盲目执行的现状。有的基层干部表示，为了响应生态环境建设，出现了耕地“非农化”的现象，这一行为明显不适当。这从侧面反映出来当前农民组织化内部仍然存在着较多问题。总之，在农村发展与现代化建设过程中，加强农民组织化的建构，需要协调好组织内部、组织之间以及组织与各行为主体之间的关系。

(二) 农村经济发展方面

在农村经济发展方面，调整产业结构，促进农民增收，为农民组织化的建构提供了物质基础。经济是农民组织化的基础保障，当前我国不同地区的经济发展不平衡，主要包括以珠三角和长三角为典型的东部沿海城市经济带地区的农村以及广大中西部一般农业型地区的农村（贺雪峰，2019e）。由于地理位置之间的差异，不同地区之间的发展存在明显的不同，其中的农民组织化程度也具有显著的差异性。珠三角和长三角地区的农村地区实现了工业化发展，其更多的经济发展问题是产业转型升级，经济向高质量发展转变，其农民组织化程度较高，具有较为充足的农民组织化发展动力；其他地区的农村缺少区位优势与产业发展基础，如何实现农业增效、农民增收、农村发展与农民组织化的程度有着密切联系。只有立足农村社会经济状况才能从根本上确保农民组织化的发展。在此着重论述比较典型的农村发展状况，其既不同于经济发达的沿海城市经济带地区的农村，又不同于中西部一般农业型地区的农村，具有一定的过渡性质，能较好地解释当前农民组织化发展的可持续性问题。苏北地区的农村地区，以农业和外出务工为主要收入来源，经济发展、教育等公共服务长期滞后于苏南地区，致使农村人口大量流向苏南地区。针对农村经济发展的问题，苏北地区的农村地区应加强基层党组织的领导，进行土地流转，与苏南地区合作，引入先进产业，形成产业园，同时应鼓励建立家庭农场、合作社和种植大户生产经营。这就重新塑造了农民组织化的主体、动力与过程，并显示出其在新时代的组织优势地位，有利于农业规模化生产，实现农村人口就地就业。这样做既提高了农民的收入水平，又确保了农业的有效发展，有利于农业农村现代化的稳定发展。

第二节　农村公共性：多元价值整合

农村多元价值整合是农村公共性发展的核心要求，是国家社会发展的必然结果。党的十九大报告指出，当前我国农村进入社会发展的新阶段，社会主要矛盾已经转化为人民日益增长的美好生活需要和不平衡不充分的发展之间的矛盾。这标志着我国农业农村现代化方向从过去注重经济发展指标转变为关注农民自身对美好生活的需求，农村公共性内涵在国家发展的过程中不断增加，呈现出整合的状态，即以公共价值促进多元价值的整合（翟军亮 等，2019）。

一、农村公共性建构的治理基础的形成

价值是主体满足客体的需要，是社会各行为主体在国家社会发展过程中不断追求的需要的满足。根据马斯洛的需求层次理论，社会各行为个体就是从生存需要到社会需要的不断变化，并且不同主体之间的需要具有不同的层次性，同一主体在不同阶段也表现出不同的需要，因此价值作为需要的体现必然产生多元化的形态。

历时性上，农村公共价值随着国家社会的发展而不断变化，主要表现为从国家行政式的公共性到农民个体性的生长再到当前农村公共性的个体价值与公共价值的整合。这一发展过程中，农业农村现代化的主体从国家政府单一主体发展到国家政府、市场、农村个体以及农村社会组织等多元主体，各主体之间的需要与价值各不相同，有着不同的利益诉求；治理手段从运用政治命令、行政控制到行政手段、市场手段、法治手段、自治手段、德治手段等，多种手段共同运用为多元主体的参与提供了可能性；治理目标的宏观层面与微观层面日趋一致即逐渐转变为满足人民对美好生活的需求，其以人民为中心内在地促进了农村的民主发展进而使得农村治理的公共性程度加深；治理过程从国家政府的政治动员到市场经济的利益诱发再到多元主体之间资源互补、功能互动、协同发展，有利于避免“搭便车”的行为，促进多元主体的积极参与进而实现农村公共性的持续性发展。

置于农村公共价值的发展变化历程，我们更容易发现农村社会价值在当前社会中的整合甚至融合状态，并且在当前的社会中往往难以真正区分出是哪一个行为主体创造了公共价值或者更准确地说几乎所有的行为个体都在追求自身利益的同时无意识地或者有意愿地创造了公共价值。正如有学者所说，所有的组织都是公共的，只是公共性的程度不同，因而需要进一步论述。

二、多元价值共建共治共享格局的形成

（一）国家层面

共时性上，当前多元价值共建共治共享，实现了农村社会公共价值内涵

的丰富和范围的扩大。国家宏观层面上，面对国家现代化治理体系和治理能力的发展要求，2012 年党的十八大报告提出的“五位一体”总体布局与 2014 年国家提出的“四个全面”战略布局，改变了过去片面发展经济忽视文化、社会等其他因素发展的局面，为农业农村现代化发展方向做出了战略性的指导和规划。同时在具体层面上，党和政府对此制定了一系列针对性的发展规划与战略部署以实现农业农村现代化发展。2017 年党的十九大报告明确提出，农业农村农民是关系国计民生的根本性问题，必须始终把解决好“三农”问题作为全党工作的重中之重，实施乡村振兴战略；2018 年中央下发了一号文件《中共中央 国务院关于实施乡村振兴战略的意见》，并编制了《乡村振兴战略规划（2018—2022 年）》，使得乡村振兴战略具有规划层面的具体发展方向；2021 年发布的《中共中央 国务院关于全面推进乡村振兴加快农业农村现代化的意见》与《中共中央 国务院关于实现巩固拓展脱贫攻坚成果同乡村振兴有效衔接的意见》将乡村振兴与农业农村现代化发展相联系，并注重对农村发展成果的巩固以实现农业农村现代化的长效运行。这就使得当前农村公共价值的发展与国家整体公共价值从政策文件上建立了正式化、规范性、制度性联系。

（二）具体治理领域

在农业农村现代化具体治理领域，随着脱贫攻坚战的全面胜利，我国农村发展进入新的阶段，其广度、深度、难度将持续加深。为适应乡村振兴发展的需要，2021 年 1 月国家乡村振兴局成立，更有利于统筹农业农村现代化各方力量与资源，提高农村社会的整合力度，进而增强农村的公共性程度。对农村基层政府而言，国家乡村振兴局的建立为农村的组织架构与组织发展提供指导，并通过意识形态、政策方针使农村基层社会治理符合其内在发展要求，有利于农村社会的整体性治理，实现农村社会公共价值的拓展。

作为农业农村现代化具体治理领域的行为主体，除了乡镇政府，还有村集体组织、村委会、农民以及农村社会组织，各行为主体都承担着不同的社会角色，具有不同的需要，产生不同的利益诉求与价值体现，形成了多元价值格局。同时，因各行为主体之间需要与利益的诉求不同，不同行为主体之间存在着价值冲突。

乡镇政府在农村扮演着“上传下达”的角色，作为国家政权的基层组织承担着传达上级政策、组织基层社会公共服务的职能，具有一定的政治层面的利益表达；根据公共选择理论，乡镇政府及其工作人员同样具有理性人的特征，追求自身的发展利益。在实际过程中，存在着极少数乡镇政府利用自身信息与地位优势，谋取组织利益的现象。如果说乡镇政府是基于政治意识形态的公共利益形式，村委会作为村民自治组织则体现出了特定的价值内涵。

村委会是农民参与农村治理的主要组织形式，由农民推选出来，负责管理农村社会日常事务、维护农民自身权益以实现村民自治，表现出农村的集体利益。村委会在实际运作中也承担着乡镇政府与农民的中介角色，协助乡镇政府提供公共服务，表现出了一定的行政化的利益特征。

村集体组织随着三权分置的实施体现出新的特征，通过流转经营权，实现土地规模经营，能够更好地适应市场经济的发展，所体现的是市场层面的经济利益。同时，村集体组织也因扮演流转方利益的角色具有一定的小集体经济的特征。然而，在实际过程中，村集体组织具有追求利益的本性，如果片面追求经济利益，改变经营方向则难以兼顾农业发展，使得农村社会的发展缺少一定的稳定性。

农民作为农业农村现代化的主体，往往追求的是个体小农利益，并且由于其自身力量与能力的弱小难以有效促进农村的公共价值的发展，只有将其组织起来，才能有效发挥其自身能力。这里需要注意的是，在组织农民的过程中，应协调好组织与农民个体之间的关系。另外，对于农村社会组织而言，其所代表的不仅仅是组织自身的利益，其目的在于通过自身提供的公共服务与其他行为主体相衔接，整合农村发展资源，以促进农村的有序发展，所体现的是社会多元价值。

总而言之，随着农业农村现代化的深入发展，农业农村现代化各行为主体的需要日益增多、价值体现更加多元，只有通过一定的机制进行整合才能避免农村社会矛盾的激发、实现农村公共性的发展。这或许需要在基于网络治理实践的价值治理理论中寻求答案。

第三节　价值整合型模式下农民组织化与农村公共性的交互性建构

一、农民组织化对农村公共性的重塑

随着国家社会的深入发展，农业农村现代化的发展形式更加多元化，特别是家庭联产承包责任制的不断发展，农村经济发展出现农业新型经营主体，促使农村以土地为核心的经济制度进行改革以适应农业农村现代化的发展。对此，国家在一系列试点试验基础之上推行三权分置，流转土地经营权，进一步改变了农村多元主义的利益格局，形成了新型的农民组织形式。这些农民组织以各种方式重新整合了农民组织化的过程，以自身的独特优势促进农村公共性的发展。

当前新型的农民组织形式依据其主导力量可以划分为三个不同的农民组织模式：党政主导的农民组织模式、村经济发展能人主导的农民组织模式与龙头企业带动的农民组织模式。这三种农民组织模式由于其自身发展定位与组织利益不同，对农村公共性的发展具有不同的作用。

（一）党政主导的农民组织模式

党政主导的农民组织模式是一种组建在内部缺乏经济发展内生力的农村，通过利用党政组织的正式力量将农民组织起来以发展农村社会的集体经济、提高农民收入水平的合作社模式。它有利于利用国家正式权威的公共性，改变两权分置时期国家正式权威的公共性在农民组织化过程中的不足问题。具体表现在以下两个方面。一是这种农民组织模式利用党政组织的力量可以利用政府资金与政策支持，避免农村经营“散、小、弱”的困局，有利于提高农村公共性的整合动力；同时将农民组织起来增加了农村的内部交往，有利于各行为主体间的利益表达、协商合作，进而减少沟通成本，有利于农村形成价值共识，为农村公共性的发展提供精神支撑。二是这种农民组织模式的管理机制能够较好地表达农民的利益与政治诉求。同时，需要注意的是，应把握党政组织在这一组织模式中的作用力度，避免农民组织行政化，处理好农民组织的利益与农村的集体利益，有利于创造农村公共性并巩固其内涵。总之，以党和政府为主导的农民组织化为农村公共性的发展提供了有力的支持，具有较强的整合能力，避免了农村社会的原子化状态。但在实践中，以党和政府为主导的组织化也在一定程度上面临着过度“行政化”和农民“被组织化”等风险，以村民委员会为载体建构的组织化面临村民委员会“行政化”和“虚化”等问题。

（二）村经济发展能人主导的农民组织模式

村经济发展能人主导的农民组织模式是由农村内部具有一定的技术发展能力、农业管理经验、经济基础的能人整合农村资源而组建的一种农民组织模式，在实践中典型体现为村庄经济精英或“中农”兴办的合作社、家庭农场等组织形式。这种组织模式能够引导农村个体的私人性向农村公共性转变，有利于丰富农村公共性的内涵。具体表现在以下两个方面。一是这种农民组织模式以土地租赁的方式将农村的土地和资金相结合，改变了农村土地碎块化经营的状态，避免了单个小农参与市场经济的经营风险，有利于提高农民的生产积极性，促使农民从个体层面转向集体层面，增加了农村公共性的“共在性”。二是这种农民组织模式建立在农村熟人社会中，能够加强农民原有的人情交往、发挥农村社会的传统公共道德规范作用，进而激发农村公共性的内在动力。然而，基于利益关系的农民组织模式与基于血缘、地缘等人情关系的熟人社会之间存在一定的冲突，特别是理性人假设，促使我们需要进一步思考如何协调农民个体、农民组织以及农村社会整体之间的关系以实现农村公共性的有效发展，并在此过程中不断促进农村公共性的动态发展。

（三）龙头企业带动的农民组织模式

龙头企业带动的农民组织模式是从农村外部引入农产品加工、储藏、销售等企业，并以此为中心建立合作社组织，形成“龙头企业＋合作社＋农户”“品牌带产业、企业带基地、合作社带农户”“电商＋龙头企业/合作社＋产业＋农户”“合作社＋农户”“党委政府＋金融机构＋龙头企业＋农户＋合作社”“合作社＋基地＋农户”“合作社牵头带动农户”等运作模式。这些运作模式能够引入农村外部公共性的力量，将农村与外部主体建立起密切联系，在农业产业政策和发展政策规制之下，能提高农村公共性的外部发展动力以实现农村社会的动态平衡发展，从而带动农民的生产积极性、实现农业产业化与规模化经营、促进农业农村的良性有序发展。具体表现在以下两个方面。一是这一农民组织模式利用自身资源与专业化技能，通过合作社将农民以组织的形式与市场经济建立起联系，形成了产供销一体化的农业生产经营模式，有效地解决了在农村社会内部动力不足的情况下所面临的农村公共性发展的问题。二是在这种农民组织模式中各行为主体充分发挥自身优势地位与资源，实现资源互补、利益共享，进一步促进了农民增收、农业增效、农村发展，有利于农业农村现代化的发展，有助于以整体的思维意识来推动农村公共性的发展。

（四）以市场组织为载体建构的组织化面临的问题

以市场组织为载体建构的组织化面临市场资本的过度介入所带来的市场性与公共性失衡的问题。在这些类型的组织化中，组织成员往往成为组织追求经济和效率的工具，所应具有的公共精神、公共需求、公共联系被过滤了；组织行动及其现实价值方面，这种类型的农民组织在名义上以“为他”为属性，以服务于公共利益为目标，具有公共性的特征，但在现实利益倒逼或驱使之下，它所确立的真正目标只是为少数人的利益服务。这类组织的存在并不一定是真正为合作社的社员服务，为社员谋发展，或与社员之间的实质性联系不强，更凸显了这类组织及其所建构的公共性的形式性。

以市场组织为载体的组织化所建构的公共性是一种徒具形式而无内核的形式公共性。例如，以农业合作社这种经济型组织为载体的农民组织化面临合作社主体与功能虚化乃至异化的问题，产生了黄宗智所认为的“伪合作社”问题。(黄宗智，2015)。再比如，企业办合作社的真正目的在于以合作社为工具获得国家的财政支持，带动农民脱贫致富仅仅是副产品或企业行为的溢出效应。以“公司＋农户”“公司＋基地＋农户”等农产品产、加、销一体化的经营组织形式为依托的组织化面临着经济逻辑绑架公共逻辑，效率目标替代公平目标的问题，弱化了市场主导型组织的公共性建构效果。因此，如何有效协调市场组织、政府组织和社会组织，调适市场逻辑、行政逻辑与项目逻辑在农民组织化与农村公共性建构过程中的张力，是新时期农民组织化与农村公共性建构亟待解决的重要问题。

之所以产生这些问题，根源在于当前的农民组织化与农村公共性的交互性建构正处于多重转型期。即传统的组织整合型组织化与公共性建构难以支撑现代农业发展，当代的服务整合型组织化与公共性建构扎根未稳（多由农业市场化不深入、政府职能履行不到位导致），农村治理生态变化（例如，让农业成为产业，让农民成为职业等）又呼唤着未来的以公共治理为基础的价值整合型组织化与公共性建构。与通过行政组织、市场性服务来联结农民并建构组织化与公共性不同，以公共治理为基础的价值整合型强调通过价值整合来推动农民组织化与农村公共性建设。

通过上述分析，党政主导的、村经济发展能人主导的、龙头企业带动的三种农民组织模式，既具有自身的优势又具有不足之处。在农业农村现代化的具体实践中，三者并不是孤立存在的，而是共同作用于农村公共性的发展。要想进一步提高农村公共性的程度，需要将三种农民组织模式进行整合，使党政组织的领导力量、村经济发展能人的执行力量、企业的销售管理能力、合作社的组织能力等多种组织力量形成合力，使农村公共性的发展形成优势互补、长效运行的格局。另外，多种组织力量相互结合、深入农村社会，与农村现存的组织、各行为主体相互作用，在其作用过程中发展出新的利益需要，长此以往形成新的发展格局，丰富与创造农村公共价值。因而，新型农民组织的出现重新塑造了农村公共性及其增长方式。

二、农村公共性对农民组织化的强化

随着国家社会的发展，农业农村现代化多元主体不断出现，各种利益需求日益多样化、复杂化；作为农村价值本质内容的公共性也随着社会的发展、多元价值的涌现而呈现出新的特点，从“公私兼容”的公共性与“公悬浮于私”的公共性到“私扩公缩”的公共性以及当前“多元价值整合”的公共性，对作为其组织载体的农民组织化的发展也呈现出新的特点。

新型农村公共性是国家与社会的双重作用的结果，因而思考作为价值观念的新型农村公共性对农民组织化的影响必须着眼于当前农村的具体实际情况进行分析。党的十八大报告将社会主义核心价值观概括为：“富强、民主、文明、和谐；自由、平等、公正、法治；爱国、敬业、诚信、友善”。这为农民的全面发展、农村的全面进步提供了行动指导。同时，社会主义核心价值观将国家层面、社会层面与个人行为层面的价值观念整合进入社会发展的整体价值观念，有利于在全社会形成价值共识，从而促进国家现代化发展。在农村领域，社会主义核心价值观有助于消解或缓解农村发展中的矛盾问题、稳定农村的发展秩序，从而为农村的全面发展奠定基础。这就从思想观念上为农民组织化实现协同发展做了全面准备。

实践中，农村公共性的内涵直接反映在农民组织化的过程之中，并在农民组织化的过程之中强化其组织过程。价值整合型模式下的农民组织化的主体是国家政府、市场、农民以及农村社会组织等多元主体的共在，这就打破了传统的“非公即私”的组织观念，构建了个人价值、组织价值、集体价值与国家价值等各种价值观念共同存在的格局。同时，多元价值观念的共存有助于形成公私共赢的新的价值观，这就为农民组织化的发展提供了新的组织观念。

在具体公共服务上，国家政府、市场与其他行为主体利用多种形式共同参与社会治理。根据财政部政府和社会资本合作中心的管理项目数据，截至 2021 年 4 月，公共服务的实施中有 10 021 个 PPP(政府和社会资本合作)项目，其中农村领域既包括农村基础设施建设、农业产业化发展，也包括农村社会保障服务与生态环境发展。这种具有针对性和倾向性的公共服务完善了农村公共服务体系，有利于满足新时代人民对美好生活的需求，加强农民对农村的集体认同感与归属感，长此以往，在潜移默化的过程中塑造了农民的行为，这就使得从农民个体的日常生活行为中建构出符合农村发展的公共性成为可能。同时，在这一方面，翟军亮等(2021)从政策执行的视角论证了合法性的建构与维护，有助于农业设施相关政策的落实。因此，新型农村公共性通过对多元主体价值共在的确认，强化了不同组织共同存在的价值共识，使得农民组织化的程度进一步加深。

第四节 小　结

我国进入中国特色社会主义新时代，农业农村现代化随之进入新的阶段、产生新的特征。农地三权分置所引致的农村公共治理时代的来临以及农村公共政策利益相关者的迅速崛起推动了农村公共政策范式从管理向治理的转型(翟军亮 等，2019)。在公共治理时代，农业农村现代化过程正从技术官僚主导的自上而下的管理途径向开放的、网络导向的治理途径转变。网络治理为联结决策制定和公民、利益相关者提供了一种新的方式(Klijn et al.，2007)，多元主体间形成了基于网络治理的交互关系。正是这种基于网络治理的交互性建构，从根本上改变了农业农村现代化进程的逻辑，赋予了农业农村现代化以新的内涵，为推进农业农村现代化提供了新思路。基于网络治理，农业农村现代化中的主体间关系重构，政府的主体角色从单一的政策执行者向政策议程召集人、网络建构者转型，赋予更多利益相关者以合法性。唯有如此，方能使利益相关者成为推进农业农村现代化进程的主体网络节点。事实上，价值整合型模式下的农业农村现代化是在国家政策的推动、市场化的深化、社会组织的发展与农民个体的主动等多元主体共同参与下形成的。因而，这一模式下的农民组织化与农村公共性呈现出多元协同的农民组织化状态与农村多元价值整合的公共性特点。

在这一模式中，农民组织化与农村公共性都获得一定的发展，促进了农村基层社会的有效治理。一是农民组织化重塑了农村公共性的生产，使农村公共性的发展具有新的动力。一方面，新时代农村多元组织形式的涌现与发展，有效地解决了农民对组织化需求的不断增加，使得重新将农民组织起来；并在此过程中创造了农村公共性新的表现方式，有利于农村公共性内涵的丰富。另一方面，当前农民组织化的发展过程仍存有一定的问题，即如何实现多种组织力量的整合，将直接影响着农村公共性的发展。二是农村公共性强化了农民组织化的发展。一方面，当前农业农村现代化过程中农村多元主体存在的必然性决定了农民组织化主体的共存共在，在一定程度上解决了农民组织主体缺失的问题。同时，农业农村现代化目标的确定性及其一致性常常通过基层党组织、新型农民组织与农村社会组织等组织形式表现出来，并强化了农民组织化的过程。另一方面，需要注意多元主体目标与动力的一致性，以确保农民组织化能够形成最大的组织化力量。因此，农民组织化与农村公共性之间的关系在农业农村现代化过程中具有重要的作用，要注意使二者之间的交互性建构保持均衡，以便促进农业农村现代化的长效发展；若是二者之间的关系处于非均衡的状态，则不利于农业农村现代化建设甚至会阻碍其发展。

Chapter 7
第七章

结论与启示

在社会分工不断细化、农村产业发展不断深化、农村治理范式转型的背景下，以推动组织整合型模式和服务整合型模式向价值整合型模式转型为目标，农民组织化应该是以公共治理规则为基础、以多元协同和合作网络建构为核心的实质性组织化，农村公共性的建构应当呈现出市场主体、政府主体和社会主体协同建构的态势，农民组织化和农村公共性的交互性建构应当以组织整合型模式为基础、以服务整合型模式为纽带、以价值整合型模式为导向的三位一体建构模式。

第一节　结论与讨论

公共性作为一种价值观念，是一个抽象的概念。为了更好地进行理解与把握其内涵所在，我们常常将其放置于具体的情境中加以分析，只有与实际生活相结合，才能找寻其存在的意义以及其对我们社会生活发展的具体要求。另外，当我们将公共性置于某一具体情境中，可以看出公共性的表现，但却是碎片化的。对此，有必要将公共性放置于某一事件发展的演进过程中进行思考。只有当我们透过事件发展的不同阶段来思考其公共性所在，以一种公共性反思另一种公共性时，才能看到某种公共性的相对性，并抽象出公共性本身的一些共有特性，才可能对某种公共性进行历史性的分解和重组。只有通过各种公共性的相互比较，把握公共性的主要意义及其历史嬗变过程，我们才能理解人的活动的公共性的具体内容，从而实现当代人的活动的公共性的自我理解和自我塑造(胡群英 等，2010)。

农民组织化与农村公共性是农业农村现代化的“一体两翼”。本书以农村基本经济制度的变迁为入手点，将新中国成立以来的农村基本经济制度划分为经济组织整合型模式、综合组织整合型模式、服务整合型模式、价值整合型模式等四种模式，运用主体、动力、过程与结果等四个维度对农民组织化与农村公共性之间的交互性建构进行分析，明确了在农村领域中农业农村现代化进程中农民组织化与农村公共性之间的内在逻辑关联。

农民组织化与农村公共性之间的均衡关系能够共同促进农业农村现代化的发展。若是二者之间的关系处于非均衡的状态，则不利于农业农村现代化建设甚至阻碍其发展。经济组织整合型模式下的农民组织化与农村公共性虽然存在动力不一致，但因其行动过程显示出一致性，从而建构了较为强大的农民组织化与农村公共性，并推动农村发展。然而，也因其动力的不同，综合组织整合型模式下出现了社会发展迟滞现象，促使农村进行发展变革。服务整合型模式下，由于改革的进行，国家行政管理职能从农村抽离，农村场域中形成了市场化社会，农村个体化膨胀，导致农民组织化与农村公共性的交互性建构出现不良发展。价值整合型模式下，农民个体与国家基于网络治理而共在，价值整合将成为未来发展趋势，这将有效地促进农业农村现代化。同时，我们也应该注意避免在农业农村现代化过程中出现以形式民主代替实质性民主的现象,以确保农业农村现代化建设的切实实现。

通过分析新中国成立以来的农民组织化与农村公共性的交互性建构的演进变迁,可以获得当前农业农村现代化建设以下结论。第一,要把握影响农民组织化运行的各因素之间的作用,协调好农民组织化内部及其与外部之间的关系,以便发挥农民组织化的正面效应。第二,要平衡农村公共性内部作用,避免公共性内部各个部分出现过于强势或过于弱势的现象,以确保激发农村公共性的正向效应。第三,要注意农民组织化与农村公共性之间的交互性建构效应,在具体农业农村现代化进程中确保农民组织化与农村公共性两者之间能够发挥双向强化的作用,建构农民的有效组织化与农村的实质性的公共性,以期促进乡村振兴与农业农村现代化建设。第四,在农业农村现代化未来发展路径方面,不同的农村场域具有不同的发展模式。例如,如前所述,东部沿海城市经济带地区的农村以及广大中西部一般农业型地区的农村,不同农村场域必然具有不同的治理方式与方法。正如特殊性中孕育着一般性,如何构建以组织整合型模式为基础、以服务整合型模式为纽带、以价值整合型模式为导向的三位一体建构模式,是东中西部地区农业农村现代化面临的共同难题,也是必经之路。所不同的是,不同的建构主体在三位一体建构模式中的重心有所差异。例如,东部区域,由于市场组织和社会组织的发达,市场组织和社会组织可能在农民组织化与农村公共性的交互性建构中发挥着关键作用。中西部区域的农村则可能需要由政府启动,其他主体协同推进。要构建三位一体建构模式,在政党统合社会治理的背景下,如何实现政党对市场主体、政府主体和社会主体协同的赋能效应,这是以农民组织化与农村公共性的交互性建构推进农业农村现代化的进程中需要进一步深入探讨的话题。

第二节 启示与借鉴

农民组织化与农村公共性的交互性建构是中国农村制度实践、理论和政策持续创新的结果,是需求诱致型变迁和强制性制度变迁的混合体。范式变迁往往具有路径依赖,农民组织化与农村公共性的交互性建构既有规律也构成了其未来路径的前提。新中国成立以来,以土地制度为核心的农村基本经济制度经过 70 多年的发展,不断变迁,使我国农民组织化与农村公共性两者之间的关系发生了显著的变化。前文以此为线索，将其划分为经济组织整合型模式、综合组织整合型模式、服务整合型模式和价值整合型模式，以农民组织化与农村公共性的交互性建构主体、动力、过程与结果等四个维度为主建立分析框架，进行较为详细的分析，明确掌握了农民组织化与农村公共性之间的关系，对当前农民组织化与农村公共性的交互性建构的未来发展具有重要启示和借鉴意义。

一、宏观层面的启示与借鉴

宏观层面，农民组织化与农村公共性的交互性建构深嵌于国家—社会关系演变历程中。农民组织化与农村公共性的交互性建构肇始于新中国成立之初，伴随了我国从总体性社会向个体性社会的转型历程。与总体性社会形态相适应的是以行政机制为主要手段的政治性整合，在农村典型体现为集各种职能于一体的总体性组织——人民公社。人民公社的解体和农村经济体制改革，一方面使得农村中的总体性组织不复存在，另一方面使得农村社会同质性瓦解，异质性增强，典型体现为结构分化以及资源分配方式的变革、农村劳动力资源的流动、市场机制进入与行政机制退却、社会分工和专业化组织开始出现等。这些异质性要素的增强从根本上改变了农村公共性建构，开启了农村公共性建构的新局面。例如，资源分配方式的变革意味着单纯的政府机制开始退出历史舞台，多元机制开始生成；社会分工和专业化组织使得功能专一的组织和角色群体开始出现，在提高农村劳动生产率的同时也为农村公共性多元协同建构提供了主体基础。国家—社会关系的演变也预示着农民组织化与农村公共性建构主体将实现政府—市场—公共治理主体的范式演变。

二、中观层面的启示与借鉴

中观层面，农业农村现代化实质上是劳动分工的细化、生产方式和组织方式的现代化，反映在农民组织化领域则为农民组织功能的专业化。换句话说，从涵盖政治、经济、文化、社会各个方面的总体性组织化转变为涵盖政治、经济、文化、社会各个领域的功能型组织化是必然趋势。也正是这种转变使得农村公共性建构主体由一元走向多元。这构成了讨论未来农民组织化与农村公共性的交互性建构的基本前提。社会劳动分工奠定了现代社会公共性建设的合法性。但是，由于社会劳动分工本身并不能促使社会公共性增加，它不是社会公共性建设的内容，只能说它奠定了现代社会与过去社会的一个根本不同的生产方式。所以这也决定了未来社会公共性建设只能立足于保证社会劳动分工得以正常进行的框架内。

三、微观层面的启示与借鉴

微观层面，农民组织化与农村公共性的交互性建构已经经历了组织整合，正在经历服务整合，未来将主要是价值整合。组织整合（经济组织整合与综合组织整合）主要得益于强大的组织能力和有效的组织结构，在实践中主要体现为行政/政府主导的农民组织化。服务整合主要得益于市场强大的服务提供、集成能力与顾客需求满足能力，在实践中典型体现为以“资本下乡”和通过社会化服务体系来组织农民。价值整合主要是通过多元价值的整合来推动农民组织化与农村公共性的交互性建构，主要基于未来多元协同的公共治理格局的形成。当然，组织整合、服务整合和价值整合三者之间的关系并不是互相排斥的，而是在不同阶段的主次和优先序之分。组织整合型模式下，组织整合为主要手段，辅之以服务整合和价值整合。服务整合型模式下，市场化导向服务是主要手段，辅之以组织整合（村民委员会的成立）和形式化的价值整合。价值整合型模式下，价值整合是主要手段，但也离不开异质性的服务和组织的有效支撑。以此为前提来讨论当前应该以资本来组织农民还是以社会化服务体系来组织农民的问题便迎刃而解了。需要说明的是，无论是组织整合、服务整合还是价值整合，以农民为主体和核心的有效参与制度是农民组织化与农村公共性的交互性建构关键。农村公共性是农民组织化的本质内涵和持续发展的根本动力。只有有效参与才能确保农民需求在农民组织化过程中得到反映，确保农民组织化过程中建构动力、建构过程、建构结构的一致性，才能摆脱农民组织化的形式化问题，进而建构实质公共性。

四、操作层面的启示与借鉴

第一，把握党和国家在农业农村现代化过程中的主导地位，以便确保农民组织化与农村公共性的交互性建构的有序存在。从新中国成立以来的农村发展演进的过程中，能够学习经验、吸取教训，根本的一点是要加强党组织的领导作用。这方面有两个要点：一是要切实加强农村党组织的建设，服务整合型模式下存在一些片面发展经济、注重村民自治的发展而忽视了农村基层党组织建设的现象，这使得农村公共性难以落实呈现“悬浮”的状态。二是要把握党组织与乡镇政府以及农村社会组织之间的关系，综合组织整合型模式超越了农村社会甚至国家的一切发展使得整个社会出现“迟滞式”发展；价值整合型模式下，党和政府注重基层党组织的建设，使得农村公共性呈现新的样态。

第二，注重政府在农业农村现代化过程中的服务作用，以便规范发展农民组织化与农村公共性的交互性建构。政府作为农村社会公共服务最基本的提供者，其职责的定位与实施状况，直接关系农村公共性的发展。经济组织整合型模式和综合组织整合型模式下，农村公共性长期表现为国家行政式的公共性，其他农村社会主体缺乏参与农民组织的自主性。服务整合型模式下，实施村民自治，激发了农民的自主性，却忽视了对农村社会主体的规范与引导，这就使得农民组织化面临失效的可能、农村公共性也难以有效发挥自身作用。因此，要注意把握政府在农业农村现代化建设中的服务作用，确保农民组织化与农村公共性能更好促进农村长效发展。

第三，鼓励农民组织化的自我升级发展，以确保农民组织化与农村公共性的交互性建构的长久发展。农业农村现代化建设的关键在于农村的内部发展，只有提升其内在发展能力，才能确保农民组织化与农村公共性的交互性建构的动态发展。长期以来，由于农民自身力量的弱小，以及农民及其相关组织在农村发展过程中缺乏应有的重视，出现了“小农理性”“社会化小农”等，农民往往被置于弱势地位，进一步拉开了农民这一群体与社会其他群体之间的差距。通过本书对农民组织化与农村公共性的交互性建构的分析，我们应该转变这一观念，重新思考我国农民及其相关组织在农村发展中的作用，将其置于我国现代化进程中加以考虑。

第三节　未来路径分析

实施乡村振兴战略，推进农业农村现代化，需要培育乡村主体性，需要农民组织化为其提供组织基础，需要农村公共性建构为其提供持续动力。公共性的建构要形成一个外在的均衡性公共性结构，最为关键的是怎么处理国家、市场、社会的微妙关系(芦恒,2015)。在社会分工不断细化、农村产业发展不断深化、农村治理范式正在转型的背景下,以推动组织整合型模式和服务整合型模式向价值整合型模式转型为目标,农民组织化应该是以公共治理规则为基础、以多元协同和合作网络建构为核心的实质性组织化,农村公共性的建构应当呈现出市场主体、政府主体和社会主体协同建构的态势,农民组织化与农村公共性的交互性建构应当以组织整合型模式为基础、以服务整合型模式为纽带、以价值整合型模式为导向的三位一体建构模式。具体而言,则要发挥市场主体、政府主体和社会主体在农民组织化与农村公共性的交互性建构中的协同叠加效应。

一、强化要素功能,促进农民组织化与农村公共性的交互性建构

(一)政党引领:加强党组织的领导以保障农村公共性的有效存续

加强党组织的领导是由我国社会主义国家性质决定的。我国是中国共产党领导的人民民主专政的社会主义国家,代表广大人民群众的根本利益和长远发展利益,这是农村最广泛、最真实的公共性所在。就此,针对这一方面,主要从党组织自身和党组织与其他组织之间的关系两个方面进行论述。首先,就党组织自身而言,应将党组织深入农村社会基层,加强对农村的领导以避免国家公共性发展难以落到实处,使得党组织自上而下形成统筹社会发展的格局。另外,也要完善党内组织机制、民主机制、监督机制,确保党组织内部形成良性运行机制以便实现和维护好广大人民群众的利益。其次,就党组织与其他组织和行为个体而言,要协调好组织之间的关系以实现党组织的有效领导,使得农村公共性发展稳定、有效。

一方面,要加强党组织对农民组织化的宣传力度,在农村形成组织的价值共识。对农民组织化的宣传要针对不同的组织形式采取不同的举措。例如,对乡镇政府而言要转变管理理念、提高自身治理能力、重视发挥多元主体参与农业农村现代化的作用;对农民个体而言要以村民自治制度为平台、以农民自身利益为着手点激发农民参与农村社会事务的自主性;对农村社会组织而言要鼓励、支持、引导其发展以促使其有效提供农村社会公共服务、更好地满足农民群众的需求。另一方面,要借助互联网等科学技术与农村社会组织等其他组织形式,创新党组织管理方式。随着社会的发展,多元

主体的需要不断增长并日趋多样化使得满足其需要的组织形式更加多样化、复杂化，这就促使党组织要在发展过程中不断调适组织管理方式，积极与其他组织形式相结合，以适应农村的发展变化，“支部＋工厂”“支部＋合作社”“互联网＋支部”等多种创新治理模式使得党组织的整合功能更加显著。与此同时，党组织在与其他组织或个体相互作用的过程中要明确自身职能与角色定位，在充分发挥各方行为主体的个体作用的基础上引导其发展。

（二）政府服务：提升政府主导组织化与公共性建构的基础性作用

政府作为当前社会重要的组织形式之一，因其运用公共权力而被天然地作为公共性的代表。政府职能角色的发挥常常与市场联系在一起，无论是古典经济学还是新古典经济学，都将其反映在各自理论与政策主张之中，并且成为西方国家政府承担职能的合法性佐证。同样，在理论付诸实践的过程，逐渐显现出其固有的弊端，即无论是作为公共性表现的政府还是作为私人性表现的市场都存在失灵的可能性。因此，如何实现政府有效管理成为政府发展的重要问题。当前随着我国市场经济的深入发展，党的十九届五中全会对政府和市场的关系做出了科学的论断，即充分发挥市场在资源配置中的决定性作用，更好发挥政府作用，推动有效市场和有为政府更好结合。因而在农村领域，将需要发挥基层政府的作用以实现农村社会经济的发展。

在农业农村现代化具体场域中，公共服务在公共性建构中的基础性作用不仅因为其本身所具有的公共属性，而且因为国家行政管理职能与社会分离使得公共服务成为国家建构公共性的为数不多的主要途径之一。发达国家城市化与乡村社会发展过程表明，在城市化过程中，社会以及社区公共性的建设基本成为现代社会得以维系的基本内容，否则将不能应对前所未有的劳动大分工所产生的社会原子化问题。只有在建构了广泛的社会公共性服务体系后，个体劳动者才能参与广泛的社会劳动大分工过程，免受市场失败的困扰。

今天的中国农村公共性正经历着解构与建构过程。一方面，在工业化和城市化过程中，现代生产方式正在消解着旧的农业生产方式和生产关系，导致了单向度的城市化、乡村城市化、乡村社区瓦解、共同体衰落和公共性削弱等问题。另一方面，农业生产的现代化也正在重塑着以新的生产方式为基础的乡村社会关系、乡村社区内涵与形式。所不同的是，中国农业农村现代化对农民组织和农村公共性建构的重塑是以国家行政管理职能从农村的撤离和农民从集体中脱嵌为宏观背景的。人民公社解体以来，国家行政管理职能从农村的撤离开启了国家行政管理职能与农村社会分离的序幕，农民逐步从集体中脱嵌并开启了个体化进程。在此背景下，强化政府的公共服务效能成为政府建构农村公共性、强化农民对国家的认同与依赖的主要工具。

（三）市场拓展：强化市场型组织的公共价值创造功能

经济基础决定上层建筑，农村经济的组织形式决定了农民组织化形式，进而决定了农村公共性建构形式。事实上，新中国成立以来的农民组织化发展历程也正印证了这一规律。针对当前市场型组织在农村公共性建构中出现的问题，必须强化市场型组织的公共价值创造功能。以公共价值为导向旨在消解过度追求市场价值所带来的消极影响。公共价值旨在为多元主体建构公共性提供一个行为框架，多元主体在此框架内追求其异质化价值目标。具体而言，市场型组织以农产品加工和流通为主、以与农户联结为特性决定了市场型组织深嵌于乡村社会情境和农业特性之中，决定了市场型组织不仅要追求利润目标，更要兼顾公平、参与等价值。前者决定了市场型组织的产生，后者决定了市场型组织的持续发展。在实践中，要通过多种措施切实强化以龙头企业、农业经济合作社为代表的市场型组织的公共价值导向，充分发挥其在农村公共性建构中的正向作用。

（四）自治赋能：升华农民自组织能力以建构农村公共性的内生机制

农村稳定有序发展的关键在于农民，只有实现农民自身的发展才能激发农村的内生发展动力。通过本书对新中国成立以来农民组织化的分析，如何进行组织农民就成为一个重要的问题。

一是以村民自治制度为平台，完善农村民主选举、民主决策、民主管理、民主监督，强化村民委员会的公共性生产功能。村民自治组织是基层群众自治性组织，只有农村各项规章制度得到精准落实，形成农村发展的制度体系，才能增强农民对农村发展的自信心与凝聚力；否则其结果只能是村级事务无人管理。村民自治组织以村集体经济组织为抓手，鼓励、支持、引导农村新型经营主体的发展，以夯实农村发展的经济基础。经济基础决定上层建筑，通过农村新型经营主体的发展使得农业生产形成规模化、专业化、产业化，进而提高农民收入、增强农民对农村的认同感。

二是以新型社会组织发展为契机，推动农村社会组织化与公共性建构。公共治理场域中，国家不再垄断公共性生产，多元社会组织是公共性建设的重要渠道、途径和载体，能够推动“国家性”公共性转换为“市民性”公共性，从而逐步接近符合整体社会利益的公共性（夏循祥，2014）。社会组织在农民组织化与农村公共性的交互性建构中的主体地位是由如下两方面决定的：一方面，国家行政管理职能与社会的分离使得社会成为一个独立的领域，成为一个对公众具有天然亲和力的领域；另一方面，农民组织化与农村公共性的交互性建构深嵌于乡村社会情境之中，必须具有社会合法性才能发挥其绩效合法性。农村社会组织主要是指农村地区自发形成的、自愿联合起来的，以互益、公益为主要特点，以促进社会公益事业、自我教育、自我管理、自我发展为主要目标的自治型组织。例如，较为典型的农村社会组织有老年人协会、妇女协会、红白事理事会等。较之于中国农村传统社会组织以血缘关系为基础来建构互助合作关系，这类新型的社会组织以现代组织规则为基础来建构互助合作关系，因而是一种新型的社会组织。这类新型社会组织在重构农村社会关系的同时将为农村公共性的建构提供新途径。一方面，这类新型社会组织以新的形式来促进农村居民参与社区公共事务、培育社会互助文化，开辟新的公共性建构途径。另一方面，这类新型社会组织推动农业农村现代化由传统的一元化治理向现代多元协同格局发展，在巩固传统的农村公共性建构主体的同时，培育新的公共性建构主体。

三是推动村民委员会、农村社会组织、村级经济组织等功能协同以形成农村社会的整体性发展、无缝隙发展，这就需要打破农村社会各组织的封闭式管理模式，实行开放、互动的组织治理结构。要明确农村社会各组织的功能定位、协调各组织之间的关系，以实现各组织之间的资源共享、优势互补，使得农村社会形成一个新的适应新时代发展的组织运行模式，有利于加强农村社会的公共交往、增强农村公共服务，为农村的持续性发展提供了长效机制。另外，要实现农村的长久发展其关键在于人才，这就需要从多方面着手。例如，加强农村教育，在农村形成尊师重教的良好风尚；针对农村精英人才进行培训，提高农村组织管理人员的思想素质与工作能力使其适应农村的发展变化、更好地为人民服务;利用国家各项政策与制度积极引进各类人才,为农村发展注入新的力量。

二、强化系统功能,促进农民组织化与农村公共性的交互性建构

(一)厚实组织整合型模式的基础地位

首先,要强化市场组织的效能。推进乡村振兴,产业兴旺是重点,建构现代农业产业体系、生产体系和经营体系是关键,决定了市场组织成为当仁不让的主体选择。其次,要强化社会组织的效能。农民组织化与农村公共性的交互性建构深嵌于乡村社会情境之中,必须具有社会合法性才能发挥其绩效合法性。随着国家—社会边界的模糊与交融,必须充分发挥社会组织对农民的天然亲和力特性,使其成为农地三权分置时代的农民组织化与农村公共性的交互性建构新途径。最后,要重新定义基层党政组织职能,发挥其网络集成功能。农地三权分置意味着农村网络治理时代的到来,必须推动基层党政组织所扮演的传统权威角色向网络治理中的网络集成者角色的转型。唯有如此,方能充分释放其在新时代农民组织化与农村公共性的交互性建构中的功效。

(二)强化服务整合型模式的纽带作用

服务包括市场性服务、公共服务和社会性服务。这三者之中,公共服务处于基础地位,起着关键作用。发达国家城市化与乡村社会发展过程表明,公共性建设是现代社会得以维系的基本内容,只有通过建构广泛的公共服务体系,才能有效应对社会大分工所产生的社会原子化问题。与发达国家曾经经历的一样,今天的中国农村社会正经历着农村公共性解构与建构过程。所不同的是,中国农业农村现代化对农民组织化与农村公共性的交互性建构的重塑是以国家行政管理职能从农村的撤离和农民从集体中脱嵌为宏观背景的。农地三权分置政策实施以来,农民由身份的代名词(农民是一种身份)逐步转变成为职业的代名词(农民是一种职业),农民同国家乃至集体的关系正在发生根本性变革。在此背景下,强化公共服务效能成为以服务来组织农民并进而建构农村公共性和强化认同的主要工具。21 世纪以来,国家通过实施取消农业税和发放农业补贴等措施,在一定程度上缓解了农村公共性消解,但未改变这一大趋势。近年来,国家通过完善农村社会保

障体系、强化农村公共文化服务建设等措施来强化农村公共服务的供给强度正是国家试图通过公共服务建设来重塑农村公共性的体现。未来，依托公共治理实践，提升基于国家认同和农村公共性的公共服务效能是政府面临的重要议题，也是以服务来联结职业农民的主要任务。

（三）发挥价值整合型模式的导向作用

农地三权分置是公共治理过程，价值整合型模式下的组织化与公共性的交互性建构是多元主体的协同建构，必须要以公共价值为引领。公共价值旨在为多元主体提供一个行为框架，从而使多元主体所追求的多元异质化价值目标能够共生共赢。克服农村公共性消解和市场价值张扬的消极影响，需要以公共价值为导向，强化公共性在私人性实现过程中的基础地位。

参考文献

References

阿伦特,1998.公共领域和私人领域[M]//汪晖,陈燕谷.文化与公共性.北京:生活·读书·新知三联书店.

阿伦特,1999.人的条件[M].竺乾威,等译.上海:上海人民出版社.

阿伦特,2017.人的境况[M].王寅丽,译.2版.上海:上海人民出版社.

奥斯本,盖布勒,2006.改革政府:企业家精神如何改革着公共部门[M].周敦仁,等译.上海:上海译文出版社.

奥斯本,2016.新公共治理?:公共治理理论和实践方面的新观点[M].包国宪,赵晓军,等译.北京:科学出版社.

奥斯特罗姆,1999.美国公共行政的思想危机[M].毛寿龙,译.上海:上海三联书店.

巴纳德,1997.经理人员的职能[M].孙耀君,等译.北京:中国社会科学出版社.

贝克,2011.个体化的种类[G]//贺美德,鲁纳."自我"中国:现代中国社会中个体的崛起.许烨芳,等译.上海:上海译文出版社.

蔡立辉,2003.公共管理:公共性本质与功能目标的内在统一[J].中国人民大学学报(2):144-152.

曹晔,2002.农民组织化的理论依据[J].河北职业技术师范学院学报(社会科学版)(1):12-15.

陈阿兴,岳中刚,2003.试论农产品流通与农民组织化问题[J].农业经济问题(2):55-60,80.

陈仕平,龚任界,2014.哲学视野中公共性建构面临的危机及其化解[J].华中科技大学学报(社会科学版),28(4):24-29.

陈向明,2000.质的研究方法与社会科学研究[M].北京:教育科学出版社.

陈秀红,2021.从“嵌入”到“整合”:基层党组织推进基层社会治理的行动逻辑[J].中共中央党校(国家行政学院)学报,25(5):64-72.

陈耀荣,周胜利,1994.妇女权益保障法学[M].北京:中国政法大学出版社.

陈振明,2017.公共管理学[M].2版.北京:中国人民大学出版社.

程同顺,2003.中国农民组织化研究初探[M].天津:天津人民出版社.

程同顺,张长虹,2003.西方国家的农民政治组织与经济发展[J].毛泽东邓小平理论研究(1):89-93.

褚尔康,2020.公共管理“公共性”价值的集体意向性分析[J].中国行政管理(11):126-132.

邓小平,1994.邓小平文选:第二卷[M].2版.北京:人民出版社.

丁煌,2004.西方行政学说史[M].修订版.武汉:武汉大学出版社.

丁煌,2009.西方行政学说[M].北京:中央广播电视大学出版社.

丁煌,梁健,2022.探寻公共性:从钟摆到整合:基于公共性视角的公共行政学研究范式分析[J].江苏行政学院学报(1):96-103.

董磊明,2002.传统与嬗变:集体企业改制后的苏南农村村级治理[J].社会学研究,16(1):10-16.

杜润生,2005.杜润生自述:中国农村体制变革重大决策纪实[M].北京:人民出版社.

杜吟棠,2005.农业产业化经营和农民组织创新对农民收入的影响[J].中国农村观察(3):9-18,80.

杜赞奇,2003.文化、权力与国家:1900-1942年的华北农村[M].王福明,译.2版.南京:江苏人民出版社.

冯海发,李溦,1993.我国农业为工业化究竟提供了多少资金积累[J].调研世界(4):23-27.

弗雷德里克森，2003. 公共行政的精神［M］. 张成福，等译. 北京：中国人民大学出版社.

弗雷德里克森，2011. 新公共行政［M］. 丁煌，方兴，译. 北京：中国人民大学出版社.

福山，1998. 信任：社会道德与繁荣的创造［M］. 李宛蓉，译. 呼和浩特：远方出版社.

高鹏程，2009. 公共性：概念、模式与特征［J］. 中国行政管理(3)：65-67.

弓联兵，2016. 政党统合：一个政治整合分析框架［J］. 当代中国政治研究报告(1)：193-213.

古德诺，1987. 政治与行政［M］. 王元，杨百朋，译. 北京：华夏出版社.

古德诺，2012. 政治与行政：政府之研究［M］. 丰俊功，译. 北京：北京大学出版社.

郭定平，2019. 政党中心的国家治理：中国的经验［J］. 政治学研究(3)：13-22，125.

郭湛，王维国，2004. 公共性论纲［J］. 兰州大学学报(社会科学版)，32(6)：1-5.

郭湛，2009. 社会公共性研究［M］. 北京：人民出版社.

郭湛，王维国，2009. 公共性的样态与内涵［J］. 哲学研究(8)：3-7，128.

郭湛，等，2019. 公共性哲学：人的共同体的发展［M］. 北京：中国社会科学出版社.

国家统计局，1983. 中国统计年鉴：1983［M］. 北京：中国统计出版社.

哈贝马斯，1998. 公共领域［M］//汪晖，陈燕谷. 文化与公共性. 北京：生活·读书·新知三联书店.

哈贝马斯，1999. 公共领域的结构转型［M］. 曹卫东，等译. 上海：学林出版社.

哈贝马斯，2014. 在事实与规范之间：关于法律和民主法治国的商谈理论［M］. 修订译本. 童世骏，译. 北京：生活·读书·新知三联书店.

韩玉胜，刘子平，2014. 当代集体主义研究现状及多维反思［J］. 学习与实践(9)：122-127.

何格，2011. 农民组织化程度的提升与土地有序流转研究［J］. 内蒙古社会科学(汉文版)，32(1)：95-97.

贺东航，2020. 政党嵌入乡村治理的历史启示与实践原则［J］. 湖北民族大学学报(哲学社会科学版),38(2):4-8.
贺雪峰,2010.乡村社会关键词:进入21世纪的中国乡村素描[M].济南:山东人民出版社.
贺雪峰,2012.论中国农村的区域差异:村庄社会结构的视角[J].开放时代(10):108-129.
贺雪峰,2018.改革开放以来国家与农民关系的变迁[J].南京农业大学学报(社会科学版),18(6):11-16,157.
贺雪峰,2019a.农民组织化与再造村社集体[J].开放时代(3):186-196.
贺雪峰,2019b.如何再造村社集体[J].南京农业大学学报(社会科学版),19(3):1-8,155.
贺雪峰,2019c.乡村振兴与农村集体经济[J].武汉大学学报(哲学社会科学版),72(4):185-192.
贺雪峰,2019d.行政还是自治:村级治理向何处去[J].华中农业大学学报(社会科学版)(6):1-5,159.
贺雪峰,2019e.大国之基:中国乡村振兴诸问题[M].北京:东方出版社.
贺雪峰,2023.乡村治理中的公共性与基层治理有效[J].武汉大学学报(哲学社会科学版),76(1):166-174.
亨利,2002.公共行政与公共事务[M].张昕,等译.8版.北京:中国人民大学出版社.
胡群英,郭湛,2010.哲学视野下公共性的历史生成与转换[J].理论导刊(8):50-52.
胡永万,白睿,回文广,2017.日本现代农业发展的特点及启示[J].世界农业(6):177-180.
黄平,王晓毅,2011.公共性的重建:社区建设的实践与思考:上[M].北京:社会科学文献出版社.
黄宗智,1986.华北的小农经济与社会变迁[M].北京:中华书局.
黄宗智,2015.农业合作化路径选择的两大盲点:东亚农业合作化历史经验的启示[J].开放时代(5):18-35.
霍尔,2003.组织:结构、过程及结果[M].张友星,刘五一,沈勇,译.上海:上海财经大学出版社.
吉登斯,2011.现代性的后果[M].田禾,译.南京:译林出版社.

计晗，许佳伟，聂凤英，2021. 小农经济条件下农业农村现代化：历史探索与经验启示[J]. 南京农业大学学报（社会科学版），21(5)：20-30.

江泽民，2006. 江泽民文选：第二卷[M]. 北京：人民出版社.

蒋永甫，何智勇，甘凤，2013. 近十年来农民组织化的研究进展[J]. 桂海论丛，29(5)：105-110.

金太军，2002. 村庄治理中三重权力互动的政治社会学分析[J]. 战略与管理(2)：105-114.

景跃进，2019. 将政党带进来：国家与社会关系范畴的反思与重构[J]. 探索与争鸣(8)：85-100，198.

库珀，2001. 行政伦理学：实现行政责任的途径[M]. 张秀琴，译. 北京：中国人民大学出版社.

李昌平，2017. 中国乡村复兴的背景、意义与方法：来自行动者的思考和实践[J]. 探索与争鸣(12)：63-70.

李敏，王礼力，郭海丽，2015. 农民组织化程度衡量及其评价[J]. 西北农林科技大学学报（社会科学版），15(3)：88-93.

李明伍，1997. 公共性的一般类型及其若干传统模型[J]. 社会学研究(4)：108-116.

李明星，覃玥，2022. 农业农村现代化：历史回溯、时代内涵、目标定位与实现路径[J]. 当代经济研究(11)：71-82.

李伟，2005. 农村再组织的政治学解读[J]. 兰州学刊(5)：20-23.

李文，柯阳鹏，2008. 新中国前 30 年的农田水利设施供给：基于农村公共品供给体制变迁的分析[J]. 党史研究与教学(6)：28-33.

李友梅，肖瑛，黄晓春，2012. 当代中国社会建设的公共性困境及其超越[J]. 中国社会科学(4)：125-139，207.

林星，吴春梅，2018. 政府支持对农民合作社规范化的影响[J]. 学习与实践(11)：114-121.

林毅，刘玲，2021. “政党中心”：中国共产党整合乡村社会的现实逻辑及其调适[J]. 社会科学研究(3)：1-10.

刘洪银，孔祥莉，2018. 以农民再组织化推进农村社会文化建设[J]. 长白学刊(3)：121-125.

刘宁，2008. 论政府在提高农民组织化程度中的主导作用[J]. 探索(3)：

180-182.
芦恒,2015.共生互促:公共性与社会发展的内在逻辑关系探析[J].社会科学(9):72-80.
吕方,2013.再造乡土团结:农村社会组织发展与“新公共性”[J].南开学报(哲学社会科学版)(3):133-138.
罗必良,2021.增长、转型与生态化发展:从产品性农业到功能性农业[J].学术月刊,53(5):54-64.
罗尔斯,2000.政治自由主义[M].万俊人,译.南京:译林出版社.
罗尔斯,2002.作为公平的正义:正义新论[M].姚大志,译.上海:上海三联书店.
罗永泰,杨汭,2006.国内外农村组织再造研究探析[J].河北大学学报(哲学社会科学版),31(5):78-82.
马克思,2018.路易·波拿巴的雾月十八日[M].中共中央马克思恩格斯列宁斯大林著作编译局,译.北京:人民出版社.
马立志,2020.马克思公共性思想及其对构建人类命运共同体的启示[J].社会主义研究(1):111-119.
马耀鹏,2009.诺斯路径依赖理论的基本要义探析[J].科学·经济·社会,27(2):98-101.
毛泽东,1975.湖南农民运动考察报告[M].北京:人民出版社.
毛泽东,2006a.毛泽东选集:第二卷[M].2版.北京:人民出版社.
毛泽东,2006b.毛泽东选集:第三卷[M].2版.北京:人民出版社.
毛泽东,1977.毛泽东选集:第五卷[M].北京:人民出版社.
穆尔,2016.创造公共价值:政府战略管理[M].伍满桂,译.北京:商务印书馆.
宁娜,2021.农村基层党组织引领乡村公共性发展论析[J].甘肃理论学刊(4):115-121.
《农业投入》总课题组,1996.农业保护:现状、依据和政策建议[J].中国社会科学(1):56-71.
潘泽泉,2021.政党治理视域下中国共产党领导的基层社会治理[J].中南大学学报(社会科学版),27(4):31-40.
邱建生,方伟,2016.乡村主体性视角下的精准扶贫问题研究[J].天府新论

(4):13-19.
曲延春,2014.农村公共产品市场化供给中的公共性流失及其治理:基于农村水利市场化的分析[J].中国行政管理(5):73-76.
人民日报社评论部,2018.论学习贯彻习近平总书记"1·5"重要讲话[M].北京:人民出版社.
桑明旭,2019.马克思的"公共性"概念[J].宁夏社会科学(1):55-60.
桑明旭,2021.中国式现代化新道路与唯物史观的公共性逻辑[J].理论探索(5):14-20.
桑内特,2008.公共人的衰落[M].李继宏,译.上海:上海译文出版社.
史亚峰,张嘉凌,2021.中国共产党组织农民的百年实践、经验与启示[J].学术探索(5):19-25.
斯科特,2011.组织理论:理性、自然与开放系统的视角[M].高俊山,译.北京:中国人民大学出版社.
斯托克,2000.作为理论的治理:五个论点[C]//俞可平.治理与善治.北京:社会科学文献出版社.
孙立平,2004.转型与断裂:改革以来中国社会结构的变迁[M].北京:清华大学出版社.
孙强,2002.对发展农村专业合作经济组织提高农民组织化程度的思考[J].农业经济(11):35-36.
泰勒,2017.科学管理原理[M].居励,胡苏云,译.成都:四川人民出版社.
谭清华,2014.谁之公共性?何谓公共性?[J].理论探讨(4):60-64.
唐斯,2006.官僚制内幕[M].郭小聪,等译.北京:中国人民大学出版社.
唐文玉,2015a.社会组织公共性:价值、内涵与生长[J].复旦学报(社会科学版),57(3):165-172.
唐文玉,2015b.政府权力与社会组织公共性生长[J].学习与实践(5):88-94.
唐文玉,2020.政党整合治理:当代中国基层治理的模式诠释:兼论与总体性治理和多中心治理的比较[J].浙江社会科学(3):21-27.
田亚如,董晓霞,彭华,等,2021.恒天然与奶农的利益联结机制及对中国奶业的启示[J].中国乳业(9):40-45.
田毅鹏,2005.东亚"新公共性"的构建及其限制:以中日两国为中心[J].吉林大学社会科学学报,45(6):65-72.

田毅鹏,2009.流动的公共性[J].开放时代(8):38-41.
田毅鹏,2014.村落过疏化与乡土公共性的重建[J].社会科学战线(6):8-17.
仝志辉,贺雪峰,2002.村庄权力结构的三层分析:兼论选举后村级权力的合法性[J].中国社会科学(1):158-167,208-209.
王贵宸,2006.中国农村合作经济[M].太原:山西经济出版社.
王桂林,师继锋,2006.中国农民组织化的两条路径研究[J].农业经济(11):42-43.
王乐夫,陈干全,2003.公共性:公共管理研究的基础与核心[J].社会科学(4):67-74.
王丽,2022.善治视域下乡村治理的公共性困境及其重构[J].行政论坛,29(3):99-104.
王敏,王滨,2020.公共性视域下社会治理现代化的现实困境与优化路径[J].理论导刊(6):89-94.
王名,蔡志鸿,王春婷,2014.社会共治:多元主体共同治理的实践探索与制度创新[J].中国行政管理(12):16-19.
王文龙,翟军亮,田玉河,2020.多元协同精神扶贫的实践与内在机理:以X大学定点帮扶园西村为例[J].中国矿业大学学报(社会科学版),22(5):59-70.
韦伯,1997.经济与社会:上卷[M].杜荣远,译.北京:商务印书馆.
魏后凯,2019.深刻把握农业农村现代化的科学内涵[J].农村工作通讯(2):1.
魏后凯,2021.加快推进农村现代化的着力点[J].中国农村经济(4):8-11.
魏丽莉,2013.改革开放以来我国农民组织化理论流派及其比较研究[D].北京:中共中央党校.
温铁军,崔芳邻,陈璐,等,2020.乡村振兴战略下空间重构的“原初交易成本”与村社理性:以湖北省马岭村为例[J].学术研究(11):68-74,2,177.
沃尔多,2017.行政国家[M].颜昌武,译.北京:中央编译出版社.
沃伦,2004.民主与信任[M].吴辉,译.北京:华夏出版社.
吴春梅,石绍成,2010.政治—行政关系的知识社会学分析[J].行政论坛,17(4):26-29.
吴春梅,翟军亮,2010.可行能力匮乏与协商民主中的政治贫困[J].前沿

(19):13-17.

吴春梅,石绍成,2011.文化网络、科层控制与乡政村治:以村庄治理权力模式的变迁为分析视角[J].江汉论坛(3):73-77.

吴春梅,翟军亮,2011.协商民主与农村公共服务供给决策民主化[J].理论与改革(4):73-76.

吴春梅,邱豪,2012.乡村沟通网络对村庄治理绩效影响的实证分析:基于湖北张玗村和邢家村的调查[J].软科学,26(7):75-80.

吴春梅,翟军亮,2014.论农村公共服务决策中的个体能力建设[J].理论探讨(1):149-153.

吴理财,2002.村民自治与国家政权建设[J].学习与探索(1):24-29.

吴理财,2014.论个体化乡村社会的公共性建设[J].探索与争鸣(1): 54-58.

吴理财,等,2014.公共性的消解与重建[M].北京:知识产权出版社.

吴理财,2019.中国农村治理变迁及其逻辑:1949-2019[J].湖北民族学院学报(哲学社会科学版),37(3):1-10.

吴琦,2012.农民组织化:内涵与衡量[J].云南行政学院学报,14(3):125-127.

吴毅,贺雪峰,2000.村治研究论纲:对村治作为一种研究范式的尝试性揭示[J].华中师范大学学报(人文社会科学版)(3):39-46.

吴毅,2002.村治变迁中的权威与秩序:20世纪川东双村的表达[M].北京:中国社会科学出版社.

吴重庆,2002.无主体熟人社会[J].开放时代(1):121-122.

吴重庆,2011.从熟人社会到"无主体熟人社会"[J].读书(1):19-25.

吴重庆,2016.内发型发展与开发扶贫问题[J].天府新论(6):1-6.

武中哲,韩清怀,2016.农村社会的公共性变迁与治理模式建构[J].华中农业大学学报(社会科学版)(1):15-21.

夏循祥,2014.社会组织中公共性的转型:以广东省坑尾村家族组织为例[J].思想战线,40(6):84-89.

项继权,1995.中国农村政治稳定与发展[M].武汉:武汉出版社.

休斯,2015.公共管理导论[M].张成福,马子博,等译.4版.北京:中国人民大学出版社.

徐祥临,2020.培育"绿水青山"的价值及实现形式初探[J].马克思主义与现实(3):16-23,195.
徐勇,2006.现代国家的建构与村民自治的成长:对中国村民自治发生与发展的一种阐释[J].学习与探索(6):50-58.
徐勇,邓大才,2006.社会化小农:解释当今农户的一种视角[J].学术月刊(7):5-13.
徐勇,2011.南农实验:农民的民主能力建设[M].北京:中国社会科学出版社.
阎云翔,2012.中国社会的个体化[M].陆洋,等译.上海:上海译文出版社.
颜昌武,马骏,2010.公共行政学百年争论[M].北京:中国人民大学出版社.
晏辉,2007.论公共性的原始发生[J].教学与研究(4):6-12.
晏辉,2008.在公共生活与私人生活之间:传统伦理的现代境遇[J].中国人民大学学报(1):78-85.
杨杰生,2013.现代化语境下的新西兰与中国农业发展对比分析[J].经济论坛(12):164-170.
杨玉珍,2014."幸福村落"建设中乡村公共性再生产的内在逻辑[J].华中农业大学学报(社会科学版)(1):23-29.
杨肇中,2021.中国共产党百年来公共性逻辑建构的历史演进[J].哈尔滨工业大学学报(社会科学版),23(6):1-7.
叶敏,2018.政党组织社会:中国式社会治理创新之道[J].探索(4):117-122.
叶兴庆,2013.合理界定农地所有权、承包权、经营权[N].中国经济时报,12-05(5).
易卓,2020.党建嵌入乡村治理的组织路径创新:基于某省Z镇党建示范区的实证研究[J].中国特色社会主义研究(1):102-110.
殷,2014.案例研究方法的应用[M].周海涛,夏欢欢,译.重庆:重庆大学出版社.
应小丽,钱凌燕,2015.非农化背景下乡土公共性的再生产与乡村治理变革[J].浙江师范大学学报(社会科学版),40(6):50-55.
袁玉立,2005.公共性:走进我们生活的哲学范畴:马克思主义哲学的一个新视点[J].学术界(5):27-34.
袁祖社,2007."公共性"的价值信念及其文化理想[J].中国人民大学学报(1):78-84.

袁祖社，2019. 公共价值的信念与美好生活的理想：马克思哲学变革的理论深蕴[J]. 中国社会科学(12)：28-45，199-200.

苑鹏，2017. 关于农村统分结合的双层经营体制的若干问题探究：习近平总书记关于稳定和完善农村基本经营制度的重要思想[J]. 农村经济(10)：1-7.

翟军亮，2016. 农村公共服务决策优化：机理与效应[M]. 北京：人民出版社.

翟军亮，吴春梅，2019. 农村贫困治理的范式转型与未来路径：兼议产业精准扶贫的推进路径[J]. 西北农林科技大学学报(社会科学版)，19(4)：44-51.

翟军亮，吴春梅，黄宏，2019. 农民组织化与农村公共性的交互性建构：理论框架、当代实践与未来路径：兼论推进农业农村现代化的路径选择[J]. 南京农业大学学报(社会科学版)，19(6)：61-70.

翟军亮，吴春梅，金清，2021. 基于政策合法性视角的公共政策有效落地分析：以设施农业政策在优成农场的落地为例[J]. 中国农村观察(1)：51-67.

张波，丁晓洋，2022. 乡村文化治理的公共性困境及其超越[J]. 理论探讨(2)：83-90.

张诚，刘祖云，2019. 乡村公共空间的公共性困境及其重塑[J]. 华中农业大学学报(社会科学版)(2)：1-7，163.

张红宇，2007. 对新时期农民组织化几个问题的思考[J]. 农业经济问题(3)：4-10，110.

张建雷，席莹，2019. 关系嵌入与合约治理：理解小农户与新型农业经营主体关系的一个视角[J]. 南京农业大学学报(社会科学版)，19(2)：1-9，155.

张康之，王喜明，2003. 公共性、公共物品和自利性的概念辨析[J]. 行政论坛(4)：8-11.

张康之，2004. 公共管理：社会治理中的一场革命：上[J]. 北京行政学院学报(1)：1-4.

张康之，2005. 论“公共性”及其在公共行政中的实现[J]. 东南学术(1)：49-55.

张康之，2006. 走向合作治理的历史进程[J]. 湖南社会科学(4)：31-36.

张康之，张乾友，2011. 民主的没落与公共性的扩散：走向合作治理的社会治理变革逻辑[J]. 社会科学研究(2)：55-61.

张康之，2016. 为了人的共生共在[M]. 北京：人民出版社.

张乐天，2012. 告别理想：人民公社制度研究[M]. 2 版. 上海：上海人民出版社.
张良,2014.村庄公共性生长与国家权力介入[J].中国农业大学学报(社会科学版),31(1):24-32.
张晓忠,杨嵘均,2007.农民组织化水平的提高和乡村治理结构的改革[J].当代世界与社会主义(6):133-136.
张雅勤,2013.从"公共性"到"行政公共性":基于共同体视角的阐释[J].甘肃行政学院学报(4):25-32,126.
张雅勤,2017.公共性的扩散、阻滞与疏浚:从"购买服务"到"多元合作"的演变逻辑[J].江海学刊(1):114-121.
张雅勤,2020.中国特色社会主义制度公共性本质及其价值功能[J].当代世界社会主义问题(4):59-69.
张兆曙,2009.产品依赖性与中国农民的组织化难题:一种农民日常生活的新视角[J].人文杂志(2):167-171.
赵昌文,1994.改革以来我国农民组织化程度的系统考察[J].社会科学研究(2):70-75.
赵黎,2020.政党整合型社会治理:后疫情时代社会治理的中国范式[J].中国农村观察(6):18-34.
赵泉民,2005.农民的市场主体地位:实现农民组织化的基点[J].理论学刊(7):76-79,129.
赵耀宏,王留群,2021.以政党为中心:中国特色国家治理范式的发展逻辑[J].理论探讨(4):43-49.
郑杭生,李强,等,1993.社会运行导论:有中国特色的社会学基本理论的一种探索[M].北京:中国人民大学出版社.
郑庆杰,2019.仪式的空间与乡村公共性建构:基于江西赣南客家村落的调查[J].南京农业大学学报(社会科学版),19(4):37-48,157.
郑姗姗,朱萌,2020.基层组织建设、公共性生产与新型农村社区建设:以天津市A村为例[J].广东行政学院学报,32(4):15-20.
郑有贵,2016.对人民公社的评价不能偏废:从"废除人民公社"说起[J].北京党史(6):23-29.
中共中央马克思恩格斯列宁斯大林著作编译局,1960.马克思恩格斯全集:第三卷[M].北京:人民出版社.

中共中央马克思恩格斯列宁斯大林著作编译局，2009. 马克思恩格斯文集：第一卷［M］. 北京：人民出版社.
中共中央文献研究室，1986. 十二大以来重要文献选编：上［M］. 北京：人民出版社.
中共中央文献研究室，1994. 建国以来重要文献选编：第九册［M］. 北京：中央文献出版社.
中共中央文献研究室，1996. 建国以来重要文献选编：第十二册［M］. 北京：中央文献出版社.
中共中央文献研究室，1999. 毛泽东文集：第八卷［M］. 北京：人民出版社.
中共中央文献研究室，2003. 十五大以来重要文献选编：下［M］. 北京：人民出版社.
中共中央文献研究室，2014. 十八大以来重要文献选编：上［M］. 北京：中央文献出版社.
中央档案馆，中共中央文献研究室，2013a. 中共中央文件选集：1949 年 10 月—1966 年 5 月：第七册［M］. 北京：人民出版社.
中央档案馆，中共中央文献研究室，2013b. 中共中央文件选集：1949 年 10 月—1966 年 5 月：第十一册［M］. 北京：人民出版社.
周恩来，1984. 周恩来选集：下卷［M］. 北京：人民出版社.
周雪光，2003. 组织社会学十讲［M］. 北京：社会科学文献出版社.
周志忍，2000. 公共性与行政效率研究［J］. 中国行政管理(4)：41-45.
周志山，冯波，2011. 马克思社会关系理论的公共性意蕴［J］. 马克思主义与现实(4)：55-58.
邹英，刘杰，2019. 农民再组织化与乡村公共性重构：社会范式下集体经济的发展逻辑：基于黔村"村社合一"经验的研究［J］. 湖北民族学院学报(哲学社会科学版)，37(6)：94-100.
佐佐木毅，金泰昌，2009. 社会科学中的公私问题［M］. 刘荣，钱昕怡，译. 北京：人民出版社.
ANSELL C，GASH A，2008. Collaborative governance in theory and practice [J]. Journal of public administration research and theory，18(4)：543-571.
ANTONSEN M，JØRGENSEN T B，1997. The "publicness" of public organizations[J]. Public administration，75(2)：337-357.

BOZEMAN B, BRETSCHNEIDER S, 1994. The "publicness puzzle" in organization theory: a test of alternative explanations of differences between public and private organizations [J]. Journal of public administration research and theory, 4(2): 197-224.

BOZEMAN B, MOULTON S, 2011. Integrative publicness: a framework for public management strategy and performance [J]. Journal of public administration research and theory, 21(suppl_3): i363-i380.

BOZEMAN B, 2013. What organization theorists and public policy researchers can learn from one another: publicness theory as a case-in-point[J]. Organization studies, 34(2): 169-188.

BRYSON J M, CROSBY B C, STONE M M, 2006. The design and implementation of cross-sector collaborations: propositions from the literature[J]. Public administration review, 66(s1): 44-55.

DENHARDT J V, DENHARDT R B, 2015. The new public service: serving, not steering[M]. 4th ed. London: Routledge.

DENHARDT R B, DENHARDT J V, 2000. The new public service: serving rather than steering[J]. Public administration review, 60(6): 549-559.

EMERSON K, NABATCHI T, BALOGH S, 2012. An integrative framework for collaborative governance [J]. Journal of public administration research and theory, 22(1): 1-29.

GOODSELL C T, 2017. Publicness[J]. Administration & society, 49(4): 471-490.

GOSS S, 2001. Making local governance work: networks, relationships, and the management of change[M]. New York: Palgrave.

HODGKINSON I R, HANNIBAL C, KEATING B W, et al, 2017. Toward a public service management: past, present, and future directions [J]. Journal of service management, 28(5): 998-1023.

HOOD C, 1991. A public management for all seasons [J]. Public administration, 69(1): 3-19.

HOOD C, 1995. The "new public management" in the 1980s: variations on a theme[J]. Accounting, organizations and society, 20(2/3): 93-109.

JØRGENSEN T B, BOZEMAN B, 2007. Public values: an inventory[J]. Administration & society, 39(3): 354-381.

KEATING M, 2001. Public management reform and economic and social development[J]. OECD journal on budgeting, 1(2): 141-212.

KLIJN E H, SKELCHER C, 2007. Democracy and governance networks: compatible or not? [J]. Public administration, 85(3): 587-608.

MERRITT C C, CORDELL K, FARNWORTH M D, 2018. Less is more? publicness, management strategy, and organizational performance in mental health treatment facilities[J]. Public administration quarterly, 42(1): 3-31.

MOULTON S, BOZEMAN B, 2011. The publicness of policy environments: an evaluation of subprime mortgage lending [J]. Journal of public administration research and theory, 21(1): 87-115.

MOULTON S, 2009. Putting together the publicness puzzle: a framework for realized publicness[J]. Public administration review, 69(5): 889-900.

OI J C, 1989. State and peasant in contemporary China: the political economy of village government[M]. Berkeley: University of California Press.

OSBORNE D, GAEBLER T, 1992. Reinventing government: how the entrepreneurial spirit is transforming the public sector[M]. Reading, Mass.: Addison-Wesley Pub. Co..

ROSENAU J N, CZEMPIEL E O, 1992. Governance without government: order and change in world politics[M]. Cambridge: Cambridge University Press.

SHAFRITZ J M, HYDE A C, PARKES S J, 2004. Classics of public administration[M]. 5th ed. Boston, MA: CENGAGE Learning.

SHUE V, 1998. The reach of the state: sketches of the Chinese body politic [M]. Stanford, Calif.: Standford University Press.

SIU H F, 1989. Agents and victims in south China: accomplices in rural revolution[M]. New Haven, Conn.: Yale University Press.

STOKER G, 2000. The new politics of British local governance[M]. Houndmills: Macmillan Press.

STOKER G, 2006. Public value management: a new narrative for networked governance? [J]. The American review of public administration, 36(1):

41-57.

TEBBLE A J, 2011. Homosexuality and publicness: towards a political theory of the taboo[J]. Political studies,59(4):921-939.

TERRY L D, 1998. Administrative leadership, neo-managerialism, and the public management movement[J]. Public administration review, 58(3): 194-200.

WALDO D, 1955. The study of public administration[M]. New York: Random House.

WILSON W, 1887. The study of administration[J]. Political science quarterly,2(2):197-222.